白话蒙学十三篇

题解 · 全注 · 全译

国学

齐 蒙◎编译

陕西新华出版传媒集团·三秦出版社

图书在版编目（CIP）数据

白话蒙学十三篇 / 齐蒙编译. —2 版. —西安：三秦出版社，
2003.07（2022.5 重印）

（传统文化经典读本）

ISBN 978-7-80546-362-9

Ⅰ . 白… Ⅱ . 齐… Ⅲ . 汉语 – 古代 – 启蒙读物 Ⅳ . H194.1

中国版本图书馆 CIP 数据核字（2003）第 042822 号

传统文化经典读本
白话蒙学十三篇

齐　蒙　编译

出版发行	陕西新华出版传媒集团　三秦出版社
社　　址	西安市雁塔区曲江新区登高路 1388 号
电　　话	（029）81205236
邮政编码	710061
印　　刷	北京华强印刷有限公司
开　　本	710mm×1000mm　1/16
印　　张	16.25
字　　数	178 千字
版　　次	2003 年 7 月第 2 版
	2022 年 5 月第 2 次印刷
标准书号	ISBN 978-7-80546-362-9
走　　价	48.00 元

教 子 图

总 序

　　中国是举世闻名的文明古国，其光辉灿烂的传统文化，已成为整个人类共同的精神财富。随着时代的进步，随着探索自然、认知社会的触角不断深入，人们比以往任何时候都迫切需要发掘传统文化宝藏，汲取更多的智慧和精神力量，来进行自我完善、自我提高，从而获取成功。于是许多人都不约而同地把目光投向那些历尽风雨淘洗的传世经典，吟之诵之，含英咀华。他们意识到，不了解唐诗宋词，没读过孔孟老庄，其麻烦不仅仅是难以达到辩才无碍的境地或获得博学多识的美誉，而且会在工作、学习及社会生活的许多方面遭遇尴尬。反之，熟知经典，以古为镜，以古为师，必定会在全新意义上的修身、齐家、治国平天下方面收到奇效。这方面例子很多，如国内某名牌高校从《易经》中提取"厚德载物"做为校训，培养了无数英才；日本企业家运用《孙子兵法》和《菜根谭》进行经营管理，屡创经济奇迹；某自然科学家要求弟子背诵《道德经》，作为攻克难关前的心理演练；某诺贝尔奖得主坦言，其所以能够历经磨难取得突破，全得益于《孟子》中的一句名言。近年来我国中小学实验教材不断加大古诗文比重以及高考试题频频"考古"，也是为了促进素质教育，培养一代新人。

　　传统文化经典很多，就存在一个轻重缓急和选择的问题，我们不赞成搞什么"百种必读"或"50种必读"，武断地制造一个封闭系统。我们认为中国传统文化经典宝库应当是开放的，其中异彩纷呈，玉蕴珠藏。所以我们推出这套《传统文化经典读本》丛书，第一批20种，只能说是向广大读者奉献的最基本的、应当最先了解的经典作品，包括《易经》、《论语》、《孟子》、《道德经》、《庄子》、《孙子兵法》、《幼学琼林》、《唐诗三百首》、《宋词三百首》、《元曲三百首》等。我们还将根据情况陆续推出第二辑、第三辑。值得说明的是，我社自上个世纪 80 年代就开始致力于传统文化经典的整理普及，是最早出版白话类经典读本的出版社之一。此次推出的这批图书都是精选版本、精选作者，付出了艰苦努力完成的，内在质量上乘，曾作为我社品牌图书，经受了市场的检验，受到读者的广泛好评。为适应新的形势，更好满足读者的需求，我们对其进行了重新改造整合，使之在版式、装帧等方面更趋考究精美。同时也希望读者多提批评意见，以便进一步改进。

魏全瑞

2003 年 7 月

目　　录

◇ 重订三字经 ◇

【题解】

《三字经》是我国民间流传最广、影响最大的一本启蒙读物。因其形式通俗，内容广博，结构谨严，文字简练，易于读记，千百年来深受广大民众欢迎，明清以后曾被多次增补、修订、注释、翻译，曾被译为满、蒙等少数民族文字和英、法、拉丁等外国文字，其影响已超越国界，被誉为"古今奇书"，"袖里通鉴纲目"。

一般认为《三字经》的作者是南宋著名学者王应麟，也有人认为是宋末区适子编撰。这里介绍给大家的则是民国时期的国学大师章太炎先生的《重订三字经》。《重订三字经》比原《三字经》在篇幅上增加约三分之一，内容则增加了地理、历史、音乐等知识，同时还改正了原《三字经》的几处错误，使其内容更加全面，准确。

《三字经》作为一种启蒙读物，除了给人们以历史、地理、社会等知识外，还教育青少年从小懂得尊敬师长，孝敬父母，刻苦学习，相互谦让等做人的道理，其中"孟母教子"，"黄香温席"，"孔融让梨"，"孙康映雪"，"玉不琢，不成器；人不学，不知义"，"头悬梁，锥刺股"等已成为家喻户晓，妇孺皆知的名事名言，这些至今仍可作为借鉴。但《三字经》毕竟是封建时代的产物，摆脱不了历史的局限性。其中宣扬的"三纲五常"，"学以致仕"，"光宗耀祖"等封建道德观念则应予以摒弃，希望读者在学习时予以注意。

【原文】

人之初，性本善①。
性相近，习相远②。
苟不教③，性乃迁④。
教之道，贵以专。
昔孟母，择邻处⑤，
子不学，断机杼⑥。
窦燕山⑦，有义方，
教五子，名俱扬。
养不教，父之过，
教不严，师之惰⑧。
子不学，非所宜，
幼不学，老何为？
玉不琢，不成器，
人不学，不知义。
为人子，方少时，
亲师友，习礼仪。
香九龄⑨，能温席，
孝于亲，所当执⑩。
融四岁⑪，能让梨，
弟于长，宜先知。
首孝悌⑫，次见闻。
知某数，识某文。
一而十，十而百，
百而千，千而万。
三才者⑬，天地人。
三光者⑭，日月星。
三纲者⑮，君臣义。
父子亲，夫妇顺。
曰春夏，曰秋冬，

此四时，运不穷。
曰南北，曰西东，
此四方，应乎中。
曰水火，木金土，
此五行，本乎数。
十干者⑯，甲至癸。
十二支⑰，子至亥。
曰黄道⑱，日所躔。
曰赤道⑲，当中权⑳。
赤道下，温暖积。
我中华，在东北。
寒燠均㉑，霜露改。
右高原，左大海。
曰江河，曰淮济，
此四渎㉒，水之纪。
曰岱华，嵩恒衡，
此五岳㉓，山之名。
古九州㉔，今改制，
称行省㉕，二十二。
曰士农，曰工商，
此四民，国之良。
医卜相㉖，皆方技㉗，
星堪舆㉘，小道泥㉙。
地所生，有草木、
此植物，遍水陆。
有虫鱼，有鸟兽，
此动物，能飞走。
稻粱菽，麦黍稷㉚，
此六谷，人所食。

马牛羊，鸡犬豕，
此六畜，人所饲。
曰喜怒，曰哀惧，
爱恶欲，七情具。
曰仁义，礼智信，
此五常㉛，不容紊。
青赤黄，及黑白，
此五色，目所识。
酸苦甘，及辛咸，
此五味，口所含。
膻焦香，及腥朽，
此五臭，鼻所嗅。
宫商角，及徵羽㉜，
此五音，耳所取。
匏土草，木石金，
与丝竹，乃八音㉝。
曰平上，曰去入，
此四声㉞，宜调叶㉟。
九族者㊱，序宗亲，
高曾祖，父而身，
身而子，子而孙，
自子孙，至玄曾。
五伦者㊲，始夫妇，
父子先，君臣后，
次兄弟，及朋友，
当顺叙，勿违负。
有伯叔，有舅甥，
婿妇翁，三党名㊳。
斩齐衰，大小功，
至缌麻，五服终㊴。
凡训蒙㊵，须讲究。
详训诂㊶，明句读。
礼乐射、御书数，
古六艺㊷，今不具。
惟书学㊸，人共遵，
既识字，讲说文㊹。
有古文㊺，大小篆，
隶草继，不可乱。
若广学，惧其繁，
但略说，能知原。
为学者，必有初。
小学终㊻，至四书㊼。
论语者，二十篇，
群弟子，记善言。
孟子者，七篇是，
辨五霸㊽，说仁义。
中庸者，子思笔，
中不偏，庸不易。
大学者，学之程，
自修齐，至治平㊾。
此二篇，在礼记，
今单行，本元晦㊿。
四书通，孝经熟，
如六经(51)，始可读。
六经者，统儒术，
文周作，孔子述，
易诗书，礼春秋，
乐经亡，余可求。
有连山，有归藏(52)，
有周易，三易详。

有典谟，有训诰，
有誓命，书之奥。
有国风，有雅颂，
号四诗，当讽诵。
周礼者，著六官，
仪礼者，十七篇。
大小戴⑤，集礼记，
述圣言，礼法备。
五迹息⑤，春秋作，
寓褒贬，别善恶。
三传者，有公羊，
有左氏，有穀梁。
尔雅者，善辨言，
求经训，此莫先。
注疏备，十三经⑤，
惟大戴，疏未成。
左传外，有国语，
合群经，数十五。
经既明，方读子，
撮其要，记其事。
古九流⑤，多亡佚，
取五种，修文质。
五子者，有荀扬，
文中子，及老庄。
经子通，读诸史，
考世系，知终始。
自羲农，至黄帝，
并顼喾，左上世。
尧舜兴，禅尊位⑤，
号唐虞，为二帝。

夏有禹，商有汤，
周文武，称三王。
夏传子，家天下，
四百载，迁夏社⑤。
汤伐夏，国号商，
六百载，至纣亡。
周武王，始诛纣，
八百载，最长久。
周共和，始纪年，
历宣幽，遂东迁。
周道衰，王纲坠，
逞干戈，尚游说。
始春秋，终战国，
五霸强，七雄出⑤。
嬴秦氏，始兼并，
传二世，楚汉争。
高祖兴，汉业建，
至孝平，王莽篡。
光武兴，为东汉，
四百年，终于献。
魏蜀吴，争汉鼎，
号三国，迄两晋。
宋齐继，梁陈承，
为南朝，都金陵。
北元魏⑤，分东西，
宇文周，与高齐⑥。
迨至隋，一土宇，
不再传，失统绪。
唐高祖，起义师，
除隋乱，创国基。

二十传，三百载，
梁灭之，国乃改。
梁唐晋，及汉周，
称五代，皆有由。
赵宋兴，受周禅。
十八传，南北混。
辽与金，皆夷裔。
元灭金，绝宋世。
莅中国，兼戎狄。
九十年，返沙碛。
太祖兴，称大明，
纪洪武，都金陵。
迨成祖，迁宛平。
十六世，至崇祯，
权阉肆⑥，流寇起⑥，
自成入，神器毁⑥。
清太祖，兴辽东，
金之后，受明封。
至世祖，乃大同⑥。
十二世，清祚终⑥。
凡正史，廿四部，
益以清，成廿五。
史虽繁，读有次。
史记一，汉书二，
后汉三，国志四。
此四史，最精致。
先四史，兼证经，
考通鉴，约而精⑥。
历代事，全在兹，
载治乱，知兴衰。

读史者，考实录⑥，
通古今，若亲目。
汉贾董，及许郑⑥，
皆经师，能述圣。
宋周程，张朱陆，
明王氏，皆道学⑥。
屈原赋，本风人。
逮邹枚，暨卿云⑦，
韩与柳，并文雄⑦。
李若杜，为诗宗⑦。
凡学者，宜兼通，
翼圣教，振民风。
口而诵，心而惟。
朝于斯，夕于斯。
昔仲尼，师项橐⑦，
古圣贤，尚勤学。
赵中令⑦，读鲁论，
彼既仕，学且勤。
披蒲编，削竹简⑦，
彼无书，且知勉。
头悬梁，锥刺股⑦，
彼不教，自勤苦。
如囊萤，如映雪⑦，
家虽贫，学不辍。
如负薪，如挂角⑦，
身虽劳，犹苦卓。
苏明允⑦，二十七，
始发愤，读书籍。
彼既老，犹悔迟，
尔小生，宜早思。

若荀卿⑧，年五十，
游稷下⑧，习儒业。
彼既成，众称异，
尔小生，宜立志。
莹八岁⑧，能咏诗，
泌七岁⑧，能赋棋。
彼颖悟，人称奇，
尔幼学，当效之。
蔡文姬⑧，能辨琴，
谢道韫⑧，能咏吟。
彼女子，且聪明，
尔男子，当自警。
唐刘晏，方七岁，
举神童，作正字⑧。

彼虽幼，身已仕，
尔幼学，勉而致。
犬守夜，鸡司晨，
苟不学，曷为人。
蚕吐丝，蜂酿蜜，
人不学，不如物。
幼习业，壮致身，
上匡国⑧，下利民。
扬名声，显父母，
光于前，裕于后。
人遗子，金满籝⑧，
我教子，惟一经。
勤有功，戏无益，
戒之哉，宜勉力。

【白话】

人刚生下来，其天性都是善良的。且人初生的时的性情、天赋等都差不多，后来由于环境及所受的教育不同而差别逐渐扩大。

如果不进行良好的教育，则天赋的善良品质就会发生变化，迁流日下。教育之道，贵在专心致志。

古时孟轲的母亲，为了儿子有一个好的学习环境，几次选择邻居。儿子逃学，孟母就用刀割断织布机上的线并折断机梭，教育他读书不可半途而废。

东汉的荀季和，教子有方，所教的八个儿子，个个都成材扬名。

养了子女而不教育，是父亲的过借。老师对学生管教不严，是懒惰的表现。

小孩子不好好学习，是不应该的，小时候不学无术，长大了能干什么呢？美玉如果不去雕琢，也就不会成为有用的器物，人如果不好好学习，就不知道礼义，不懂事理。

为人子弟，在其年少时，就应亲近老师，结交良友，学习礼节，注意仪容。

黄香九岁时，就知道夏天给父亲扇凉，冬天给父亲暖被窝。孝敬父母，这是每个人都应遵守的。

孔融四岁时，就知道把大梨让给哥哥吃，做弟弟的对兄长，应当懂得这个道理。

首先要孝顺父母，尊重兄长，其次是增长见识、开阔眼界。要学会算数，识字习文。

从一到十，从十到百，从百到千，从千到万。

宇宙间有"三才"：天才，地才和人才。还有"三光"：日光、月光和星光。人世间存有"三纲"：君为臣纲、父为子纲、夫为妻纲。有了"三纲"，就会有君圣臣良，父慈子孝，夫妇和顺的安定局面。

春、夏、秋、冬，四季循环更替、运转无穷。

南、北、西、东，这是四方，四方与中央是对应的。

水、火、木、金、土，这是五行，五行相生相克，他们合乎天理。

天干有十：甲、乙、丙、丁、戊、己、庚、辛、壬、癸。地支有十二：子、丑、寅、卯、辰、巳、午、未、申、酉、戌、亥。

宇宙间存有"黄道"，那是太阳运行的轨道。地球上有赤道，它把地球从中平分为二。赤道之下，长年温暖。

我中国，处在东半球的东北部，气候寒暖均匀，四季更替。地势上西北高，东南低，且东南濒临辽阔的海洋。我国有长江、黄河、淮河、济水，这四条江河是我国的主要水系。东岳泰山、西岳华山、中岳嵩山、北岳恒山、南岳衡山，是我国的"五岳"，它们是我国的名山。

古时把天下分成九个州，如今（民国）已经改称行省，全国现有二十二个省。

士、农、工、商，这四种人，是国家的根本。那些搞医药、卜卦、星占、相面之人，都是一些具有小道末技的无足轻重之人。

地上长的，有草有木，这是植物，遍及水陆。虫、鱼、鸟、兽，这是动物，它们能飞能走，能爬能游。

稻子、高粱、豆类、小麦、玉米、谷子、这是"六谷"，可供人食用。

马、牛、羊、鸡、犬、猪，这是"六畜"，人可饲养。

喜、怒、哀、惧、爱、恶、欲是人人具有的七情。仁、义、礼、智、信，乃为五常，是每个人应遵守的道德规范，不容紊乱。

青、红、黄、黑、白，这五种颜色，是眼睛能够识别的。酸、苦、甜、辣、咸，这五种味道，是口所能尝到的。膻、焦、香、腥、朽，这五种臭气，是鼻子能够嗅到的。宫、商、角、徵、羽，这五种音，是耳朵能够听辨的。匏、土、革、木、石、金、丝、竹，这是古代的八类乐器。平、上、去、入，是汉语中的四个声调，是用来协调词语的。

九族包括：高祖、曾祖、祖、父、自己、子、孙、曾孙、玄孙。是这同姓亲族，自上而下，可以延续宗族。

五伦包括：夫妇有别，父子有亲，君臣有义，长幼有序，朋友有信，这五种道德关系，是不可违背的。

伯父、叔父、舅、外甥、女婿、岳父，这是父族，母族、妻族的人员名称。使用斩衰、齐衰、大功、小功、缌麻五个丧服级别，要根据死者与自己的亲疏关系来决定。

对儿童进行启蒙教育，须要讲解义理，考究实事，详细解释字句、还要断明句读。礼、乐、射、御、书、数，这是古代六项教育内容，如今已不完全采用了。

惟有书学，人人都应重视，既能识字，又可懂得文字的来龙去脉、字形变化。其中有象形文字，大篆、小篆、隶书、草书。这是我国文字发展的五个阶段，不可搞乱。若想广泛学习，恐其内容庞杂，不易掌握，这里只简略说明，只要知道其大概内容和根源就行了。

读书学习的人，要有一个好的开端，小学读完了，就该读四书。《论语》共有二十篇内容，为孔门弟子所作，是孔子及其弟子的言论集。《孟子》共有七篇，内容是分辨施行仁政的王道与不行仁政的霸道，同时进述儒家的仁义道德。《中庸》是孔子之孙子子思所作，中就是不偏不倚，庸就是永远不变的道理。《大学》一书，是程颐所辑，讲的是修身、齐家、治国、平天下的道理。《中庸》和《大学》两篇，本属《礼记》中的内容，只是经朱熹（字元晦）集注后，才始单行。

读通了《四书》和《孝经》就可以去读《六经》。它们都是儒家的经典著作，相传为周文王和周公所作，孔子记述。《六经》包括《易》、《诗》、《书》、《礼》、《春秋》、《乐经》，其中《乐经》已经亡佚，其余均流传下来。

《易》有三易，他们是《连山》、《归藏》和《周易》。《书》的内容包括典、谟、训、诰、誓、命。《诗》有四种文体，他们是国风、大雅、小雅、颂，这些书都应认真学习背诵。

《周礼》一书，是记载各类职官与各种典章制度之书，分为《天官冢宰》、《地官司徒》、《春官宗伯》、《夏官司马》、《秋官司寇》、《冬官司空》6篇。《仪礼》共有17篇。《礼记》有《小戴礼记》和《大戴礼记》，分别由戴圣和戴德所辑，上面记述了圣贤们的言论。以上是儒学的"三礼"，全部齐备。

周王室衰微后，孔子作《春秋》。《春秋》一书寓含褒贬，区别善恶。三传包括《左传》、《公羊传》、《穀梁传》。《尔雅》一书，是辨析训释各类词语之书，要弄懂经文，就必须首先阅读此书。

十三经的注和疏都很齐备，惟有《大戴礼记》没有疏。十三经加上《左传》和《国语》二书，共有十五部，明白了儒家的各类经典，就可以读诸子百家的著作。要摘取和记熟其中的要点和重要事物。

古代九种学术派别，如今多已散失，选取其中五子的著作，来培养提高自己的文化素质。五子是荀子（况），扬子（雄）、文中子（王通）、老子（李耳）、庄子（周）。

通晓了儒家经典和诸子学说后，就可以去读史书。考察各朝各代的世系，通晓各朝代兴起和衰亡的历史根源。我国历史发展的基本脉络是：伏羲氏——神农氏——黄帝——颛顼——帝喾，他们是远古时期的部落首领。唐尧和虞舜时，大兴禅让，帝位传贤者而不传子。尧和舜是我国历史上两位著名的部落首领。

夏代的禹，商代的汤，周朝的文王和武王，都是三代贤能的国君，史称"三王"。

禹把王位传给了儿子启，实行世袭制，把天下当做自己的家。四百多年后，夏朝灭亡。汤伐夏，取夏而代之，建国号商。商朝统治六百余年，至殷纣王时灭亡。

武王诛杀纣王，取商代之，建国号为周，周朝统治八百余年，时间最长。召公和周公共同执政，号共和，共和元年（前841）是我国历史上有确切纪年的开始。周宣王和周幽王时，周王室衰微。到周平王时，不得不把国都由镐京（今西安西南）东迁洛邑（今洛阳），史称东周。

西周灭亡后，周王室无力统治全国，诸侯之间相互攻伐，天下大乱，一些策士，门客四处游说。东周延续五百余年，分为春秋和战国两个时期，春秋时期产生五霸，战国时期出现七雄。

秦王嬴政兼并六国，统一全国，建立秦朝，自称始皇帝。传到秦二世，楚霸王项羽和汉王刘邦争夺天下。汉高祖刘邦最后打败了项羽。建立汉朝。传到汉平帝时，被王莽篡夺了帝位，改国号为新。汉光武帝刘秀复兴汉朝，建立东汉政权。汉朝传了四百余年，到汉献帝刘协时灭亡了。魏（曹操）、蜀（刘备）、吴（孙权）争夺汉朝政权，最后形成三国鼎立的局面，直到西晋和东晋时全国又重新统一。

东晋之后，相继兴起的是宋、齐、梁、陈四朝，史称南朝，他们都建都金陵（今南京）。当时在中国北方还有个北朝叫元魏

（北魏），后来又分为东魏和西魏。宇文觉篡夺西魏政权建立北周，高洋篡夺东魏政权建立北齐。

隋朝杨坚统一全国，但只传了一代，至炀帝时，便被唐朝灭亡。唐高祖李渊在太原起兵，消灭了各地势力，创立唐朝基业。唐朝传了二十代，历时三百余年，最后被后梁灭亡，国家改朝换代。

后梁、后唐、后晋、后汉、后周，是相继在北方建立的五个政权，史称五代。这样叫，都有其来由。赵匡胤接受后周的帝位，建立宋朝。宋朝共传十八代，到南宋时期，北方的金、元等兴起，南北对峙，全国出现混乱局面。

辽、金、元都是少数民族建立的政权。元朝先后灭亡了金朝和宋朝，进入中原地区，并且兼并了欧亚许多国家和地区。元朝传了九十余年，最后被明朝推翻，只得返回漠北地区。

明太祖朱元璋推翻元朝，建立大明帝国，年号洪武，定都金陵（南京）。到明成祖朱棣时，把国都迁到了北京。明朝传了十六代，到崇祯皇帝时，宦官专权，肆意横行，导致农民起义。公元 1644 年，李自成农民起义军攻破北京城，明朝政权灭亡。

清太祖努尔哈赤兴起于我国东北地区。他们本是金人的后裔，曾受明朝的册封。到世祖顺治时，才最终统一了全国。清朝传了十二代，至宣统时被孙中山领导的辛亥革命所推翻。

我国遗留下来的正史有二十四部，再加上《清史稿》，共有二十五部。正史虽多，但阅读要有顺序，先读《史记》，再读《汉书》，接着再读《后汉书》、《三国志》，这四部书写得最精致。先读这四部史书，再读十三经时就比较容易理解。还可参读《资治通鉴》，此书简要精确，宋以前各代重大之事，书中全都记载。通过阅读书中各代治乱之事，就可知道国家兴衰之根源。凡读史书者，须要考究历代君臣之实录，通晓古往今来之大事，犹如亲眼所见一般。

汉代的贾逵、董仲舒、许慎、郑玄，都是经学大师，他们都能够解释和阐述儒家经典。北宋的周敦颐、程颢、程颐、张载，南宋的朱熹、陆九渊，以及明代的王阳明等，都是理学大师。

战国时楚国的屈原著有《离骚》、《九歌》等，是我国最早的大诗人。汉代的邹阳、枚乘、司马相如，杨雄，唐代的韩愈，柳宗元，是我国历史上的著名文学家。李白和杜甫，一为诗仙，一为诗圣。

读书之人，对于经、史、子、集都应涉猎，辅以儒家思想来振奋民风。学习时应口念心想，专心致志，始终如一，如此才能得到好的效果。过去孔子曾拜鲁国7岁的神童项橐为师，他是古代的圣贤，还这样勤学。宋朝人赵普在做了中书令（宰相）时，还苦心钻研《论语》。

汉代的路温舒编蒲草抄书，公孙弘削竹简抄书，他们家贫无书，尚知勤勉学习。汉代的孙敬用绳子扎住头发吊在屋梁上，战国时苏秦用锥子刺大腿，以防读书困倦。他们无人教导，但自学非常勤苦。晋朝人车胤，夏夜将萤火虫装在纱布包中，借其发出的微光来学习。晋人孙康，冬夜借助雪的反光来读书。他们虽然家贫点不起灯，但仍苦学不辍。汉代人朱买臣，每日砍柴回家时，将书放在扁担上，边走边读。隋朝人李密，放牛时把书挂在牛角上，边放牧边读书。他们虽很劳累，但仍不忘艰苦读书。

宋代文学家苏询，二十七岁时才开始发愤读书，虽然学业有成，但仍后悔读书太晚，后来小生，可要以此为鉴，早早发奋读书。

战国人荀况，虽年届五十，仍求学于稷下，学习儒家学说，著成《荀子》一书，众人惊异。后生们可要早早立志，努力奋斗。

北齐人祖莹，八岁时就能作诗；唐代的李泌，7岁时就能以下棋为题作赋。他们都很聪颖，人们都很惊奇，后来诸生，应以他们为榜样，向其学习。

汉代才女蔡文姬能辨别琴音，东晋才女谢道韫能赋诗。她们虽为女子，却十分聪敏，作为男子，应当自警，切莫落后。

唐代时的神童刘晏，七岁时就被举荐为翰林院正字。他虽年幼，但已身做大官，后人应以此来勉励自己，向其学习看齐。

狗可看门，鸡能报晓，蚕可吐丝，蜂能酿蜜，人如果不读书，不学习，饱食终日，无所作为，那样连动物也不如。年轻时刻苦学习，到壮年时就可以入仕做官。这样对上可匡扶国家，对下可造福百姓，并可张扬名声，显赫父母，光宗耀祖，造福后代。

别人留给后代的，是满箱金银财宝，我教给后代的，唯独一本经书。勤勉终会有收获，嬉戏终究无益，后生可要警惕小心，一定要努力奋斗。

【注释】

① 性：品质，道德。

② 习相远：指由于受教育、环境等诸种因素的影响而造成彼此之间品质、道德差异越来越大。

③ 苟：如果，假使。

④ 迁：变化，变异。

⑤ 处：居处。

⑥ 杼：古指织布机上的梭子。

⑦ 荀季和：东汉时人，德才超人，称被为神君。所教八个儿子，均成才成名，当时被人们称为"八龙"。

⑧ 惰：懒惰。此处含"过错"之意。

⑨ 香九龄：香，黄香，东汉时人。据说其九岁时丧母，他对父亲非常孝顺。夏日为父扇凉、驱蚊；寒冬为父暖被窝。

⑩ 执：遵守，保持。

⑪ 融：孔融，东汉末文学家，建安七子之一。一次有人送他家一筐梨，孔融待兄第们都拿了之后才去拿了一个最小的。

⑫ 孝悌：旧称孝顺父母为"孝"，尊重兄长为"悌"。

⑬ 三才：古人将天、地、人认为是宇宙间最重要的东西，并称"三才"。

⑭ 三光：古人认为宇宙间有三种主要的光源即日光、月光、星光。

⑮ 三纲：即"君为臣纲，父为子纲，夫为妻纲。"

⑯ 十干：即天干，他们是"甲、乙、丙、丁、戊、己、庚、辛、

壬、癸。"

⑰十二支：即地支，他们是"子、丑、寅、卯、辰、巳、午、未、申、酉、戌、亥。"

⑱黄道：现代科学认为地球一年绕太阳一圈，但古人却认为太阳绕地球而行，所谓黄道就是古人想像中的太阳绕地球的轨道。

⑲赤道；环绕地球表面距离南北两极相等的圆周线。

⑳权：平。

㉑燠：暖、热。

㉒四渎：渎指水道。四渎指长江、黄河、淮河、济水。

㉓五岳：即东岳泰山（山东），西岳华水（陕西），中岳嵩山（河南），北岳恒山（河北），南岳衡山（湖南）。

㉔九州：传说大禹治水成功后，把天下分成冀、豫、雍、扬、兖、徐、梁、青、荆九州。各书记载略有不同，一般九州泛指全中国。

㉕行省：行政区划。元朝时实行行省制，即后世的省。民国初年共有二十二个省。

㉖医卜相：医指医药者。卜，占卜，古代一种预测吉凶的迷信活动。相；以观察人的面相手相断定其吉凶祸福的迷信活动。

㉗方技：旧时把医、卜、星、相之类的技术总称为方技。

㉘星堪舆：星即"占星术"，以观察星辰运行来预言人事祸福。堪舆：即看"地脉""风水"的迷信术。

㉙小道泥：古代儒家称礼乐政教以外的学说、技艺为小道末技。

㉚菽：豆类。黍：小米（未去壳时称谷子）。稷：小米的一种，又叫黄米、糜子。

㉛五常：封建社会中最提倡的五种道德要求，即"仁、义、礼、智、信。"

㉜宫商角徵（音只）羽：我国传统的五声音阶上的五个音，相当于现行简谱的1、2、3、5、6。

㉝八音：八音指古代的八类乐器。其中金为钟，石为磬，丝为琴、瑟，竹为箫、管，匏为笙，土为埙（音勋或宣），革为鼓，木为祝（音祝）、敔（音语）。

㉞四声：平上去入，为汉语中的四个声调。

㉟叶（音协）：协调。

㊱ 九族：指同姓亲族的高祖、曾祖、祖、父、自己、子、孙、曾孙、玄孙。

㊲ 五伦：即夫妇、父子、君臣、兄弟、朋友间五种重要的伦理道德关系。

㊳ 三党：旧指父党、母党、妻党，即父族、母族、妻族。

㊴ 五服：指古代按生者与死者亲属关系的亲疏而用丧服的五个等级，即斩衰（音催）、齐衰、大功、小功、缌麻。

㊵ 训蒙：训，解释词义。蒙：启蒙。

㊶ 诂：用通行的话解释古代语言文字或方言字义。

㊷ 六艺：六艺是指我国古代的六项教育内容，即“五礼”、“六乐”、“五射”、“六书”、“五御”、“九数”。

㊸ 书学：唐宋培养书法人才的学校，学习篆、隶、草三体，明《说文》、《字说》、《尔雅》等。

㊹ 说文：指《说文解字》一书，为东汉人许慎所著。

㊺ 古文：指代的象形文字。

㊻ 小学：指识字。

㊼ 四书：即《大学》、《中庸》、《论语》、《孟子》。

㊽ 王霸：指所谓施行仁政的王道与不行仁政的霸道。

㊾ 修齐治平：指修身、齐家、治国、平天下。

㊿ 元晦：南宋理学大师朱熹，字元晦。

(51) 六经：儒家的六部经典，即《易》、《书》、《诗》、《礼》、《春秋》、《乐经》。其中《乐经》秦以后散失。

(52) 连山、归藏：皆书名，相传为《周易》前的古《易》。

(53) 大小戴：指西汉的戴德（字延君）和戴圣（字次君）二人，他们是经学家。他们都编辑过论述古代礼制的论文集，后世分别称为《大戴礼》和《小戴礼》,《小戴礼》即通行的《礼记》。

(54) 王迹息：指周王室的统治衰败以后，大一统秩序不复存在。

(55) 十三经：儒家的十三部经典，即《周易》、《尚书》、《诗经》、《周礼》、《仪礼》、《礼记》、《左传》、《公羊传》、《穀梁传》、《孝经》、《论语》、《孟子》、《尔雅》。

(56) 古九流：先秦九种学术流派，即儒、道、阴阳、法、名、墨、纵、横、杂、农等九家。

(57) 迁夏社：迁：变更。夏，夏朝。社，社稷，即国家。

(58) 五霸、七雄：春秋五霸指齐桓公、晋文公、楚庄公、吴王阖闾、越王勾践。战国七雄指齐、楚、燕、韩、赵、魏、秦七国。

(59) 元魏：即北魏，因北魏拓跋氏改姓元，故称元魏。

(60) 宇文周、高齐：指宇文觉建立的北周和高洋建立的北齐。

(61) 权阉肆：指掌握大权的宦官肆意妄为。

(62) 流寇起："流寇起"指各地农民起义接连不断，此起彼伏。

(63) 神器毁：指明朝政权灭亡。

(64) 大同：指全国实现统一。

(65) 清祚终：清朝政权结束。祚，君王的位置。

(66) 约而精：约，简要。精，精确。

(67) 考实录：考察各朝皇帝的政务编年大事记。

(68) 贾董许郑：指汉代经学大师贾逵、董仲舒、许慎、郑玄。

(69) 周程张朱陆王：指周敦颐、程颢、程颐、张载、朱熹、陆九洲、王阳明，前六人为宋代道学家，王阳明为明代道学家。

(70) 邹枚卿云：即邹阳、枚乘、司马相如（字长卿）、扬雄（字子云），皆汉代文学家。

(71) 韩柳：即韩愈、柳宗元，皆唐代大文学家。

(72) 李若杜：李白和杜甫，唐代大诗人。

(73) 项橐：春秋时人，传说中的神童。

(74) 赵中令：即宋人赵普，官居中书令，即宰相，是赵匡胤的主要谋士。

(75) 披蒲编：削竹简：前指汉代人路温舒编蒲叶为纸刻苦学习的故事。后者指汉代人公孙私家贫无钱买笔将竹子削尖，抄写书籍学习的故事。

(76) 头悬梁，锥刺股：前者指汉代人孙敬，深夜读书时，将头发吊在屋梁上，一旦瞌睡打盹，就会惊醒，然后继续学习。后者指战国的人苏秦，读书困倦时，使用锥子刺大腿以提神。

(77) 囊萤，映雪：前者指晋代人车胤家贫无钱买油点灯，便将萤火虫装入袋中，照明读书。后者指晋代人孙康冬夜以雪光照明读书之事。

(78) 负薪，挂角：前者指汉代人朱买臣幼年家贫以砍柴为生，而不忘读书的故事。后者指隋朝人李密家贫好学，为人放牧时将书挂在牛角上读的故事。

⑲ 苏明允：宋代文学家苏洵，字明允。

⑳ 荀卿：即荀况，荀子，战国时著名的思想家，著《荀子》一书。

㉑ 稷下：战国时齐地名，为当时各学术派别聚集的中心。

㉒ 莹：指北齐人祖莹，八岁即能写诗。

㉓ 泌：指唐代人李泌。

㉔ 蔡文姬：汉代才女。其所作《胡笳十八拍》，对我国音乐发展影响很大。

㉕ 谢道韫：晋代才女，谢安的侄女。传说谢安曾让其子、侄形容"大雪纷飞"，其侄答："盐撒空中"，道韫答："柳絮因风起"，谢安称奇。

㉖ 正字：主管校正书籍的官。

㉗ 匡：救助、扶助。

㉘ 籯：箱笼一类的器具。

附：《三字经》

人之初	性本善	性相近	习相远
苟不教	性乃迁	教之道	贵以专
昔孟母	择邻处	子不学	断机杼
窦燕山	有义方	教五子	名俱扬
养不教	父之过	教不严	师之惰
子不学	非所宜	幼不学	老何为
玉不琢	不成器	人不学	不知义
为人子	方少时	亲师友	习礼仪
香九龄	能温席	孝于亲	所当执
融四岁	能让梨	弟于长	宜先知
首孝弟	次见闻	知某数	识某文
一而十	十而百	百而千	千而万
三才者	天地人	三光者	日月星

三纲者　君臣义　父子亲　夫妇顺
曰春夏　曰秋冬　此四时　运不穷
曰南北　曰西东　此四方　应乎中
曰水火　木金土　此五行　本乎数
曰仁义　礼智信　此五常　不容紊
稻粱菽　麦黍稷　此六谷　人所食
马牛羊　鸡犬豕　此六畜　人所饲
曰喜怒　曰哀惧　爱恶欲　七情具
匏土革　木石金　丝与竹　乃八音
高曾祖　父而身　身而子　子而孙
自子孙　至玄曾　乃九族　人之伦
父子恩　夫妇从　兄则友　弟则恭
长幼序　友与朋　君则敬　臣则忠
此十义　人所同　凡训蒙　须讲究
详训诂　明句读　为学者　必有初
小学终　至四书　论语者　二十篇
群弟子　记善言　孟子者　七篇止
讲道德　说仁义　作中庸　子思笔
中不偏　庸不易　作大学　乃曾子
自修齐　至平治　孝经通　四书熟
如六经　始可读　诗书易　礼春秋
号六经　当讲求　有连山　有归藏
有周易　三易详　有典谟　有训诰
有誓命　书之奥　我周公　作周礼
著六官　存治体　大小戴　注礼记
述圣言　礼乐备　曰国风　曰雅颂
号四诗　当讽咏　诗既亡　春秋作
寓褒贬　别善恶　三传者　有公羊
有左氏　有穀梁　经既明　方读子
撮其要　记其事　五子者　有荀扬

文中子　及老庄　经子通　读诸史
考世系　知终始　自羲农　至黄帝
号三皇　居上世　唐有虞　号二帝
相揖逊　称盛世　夏有禹　商有汤
周文斌　称三王　夏传子　家天下
四百载　迁夏社　汤伐夏　国号商
六百载　至纣亡　周武王　始诛纣
八百载　最长久　周辙东　王纲坠
逞干戈　尚游说　始春秋　终战国
王霸强　七雄出　嬴秦氏　始兼并
传二世　楚汉争　高祖兴　汉业建
至孝平　五莽篡　光武兴　为东汉
四百年　终于献　魏蜀吴　争汉鼎
号三国　迄两晋　宋齐继　梁陈承
为南朝　都金陵　北元魏　分东西
宇文周　与高齐　迨至隋　一土宇
不再传　失统绪　唐高祖　起义师
除隋乱　创国基　二十传　三百载
梁灭之　国乃改　梁唐晋　及汉周
称五代　皆有由　炎宋兴　受周禅
十八传　南北混　辽与金　帝号纷
迨灭辽　宋犹存　至元兴　金绪歇
有宋世　一同灭　莅中国　兼戎狄
明太祖　久亲师　传建文　方四祀
迁北京　永乐嗣　迨崇祯　煤山逝
廿二史　全在兹　载治乱　知兴衰
读史者　考实录　通古今　若亲目
口而诵　心而惟　朝于斯　夕于斯
昔仲尼　师项橐　古圣贤　尚勤学
赵中令　读鲁论　彼既仕　学且勤

披蒲编　削竹简　彼无书　且知勉
头悬梁　锥刺股　彼不教　自勤苦
如囊萤　如映雪　家虽贫　学不辍
如负薪　如挂角　身虽劳　犹苦卓
苏老泉　二十七　始发愤　读书籍
彼既老　犹悔迟　尔小生　宜早思
若梁灏　八十二　对大廷　魁多士
彼既成　众称异　尔小生　宜立志
莹八岁　能咏诗　泌七岁　能赋棋
彼颖悟　人称奇　尔幼学　当效之
蔡文姬　能辨琴　谢道韫　能咏吟
彼女子　且聪敏　尔男子　当自警
唐刘晏　方七岁　举神童　作正字
彼虽幼　身已仕　尔幼学　勉而致
有为者　亦若是　犬守夜　鸡司晨
苟不学　曷为人　蚕吐丝　蜂酿蜜
人不学　不如物　幼而学　壮而行
上致君　下泽民　扬名声　显父母
光于前　裕于后　人遗子　金满籝
我教子　惟一经　勤有功　戏无益
戒之哉　宜勉力

◇ 千 字 文 ◇

【题解】

《千字文》是南北朝时代周兴嗣（字思纂）的作品，全书千字，四言叶韵，共二百五十句，无一字重复。据《尚书故实》上说，梁武帝命令殷铁石在王羲之的书法中拓出一千个不重复的字，供给诸王临摹。当这一千个字拓出以后，梁武帝觉得太零碎散乱，于是要他的文学侍从周兴嗣编写成有韵律意义的文句。他花了一夜时间，就用这限定的一千字，编成了这本书。梁武帝看了以后，对周兴嗣的文学天才非常赞赏，并给予他丰厚的赏赐。

本书以识字为主，包括天文、地理、历史、动植物名称、农业知识、道德规范等，简明扼要，通俗易懂，便于记诵，使读者在较短的时间内能够获得许多基本知识。特别是书中的一些劝人做事为人的观点，如"信使可覆，器欲难量"，"尺璧非宝，寸阴是竞"，"笃初诚美，慎终宜令"，"交友投分，切磨箴规"等，很值得我们借鉴。但是，书中也宣扬了一些封建道德思想，如"学优登仕，摄职从政"，"乐殊贵贱，礼别尊卑"等，今天看来已不适宜，希望读者在阅读时引起注意。

【原文】

天地玄黄①，
宇宙洪荒②。
日月盈昃③，
辰宿列张④。
寒来暑往，
秋收冬藏。
闰余成岁，
律吕调阳⑤。
云腾致雨，
露结为霜。
金生丽水，
玉出昆冈。
剑号巨阙⑥，
珠称夜光。
果珍李柰，
菜重芥姜。
海咸河淡，
鳞潜羽翔。
龙师火帝，
鸟官人皇⑦。
始制文字，
乃服衣裳。
推位让国，
有虞陶唐。
吊民伐罪⑧，
周发殷汤。
坐朝问道，
垂拱平章⑨。
爱育黎首，

臣伏戎羌。
遐迩一体，
率宾归王。
鸣凤在竹，
白驹食场。
化被草木，
赖及万方。
盖此身发，
四大五常⑩。
恭惟鞠养，
岂敢毁伤。
女慕贞洁，
男效才良。
知过必改，
得能莫忘。
罔谈彼短，
靡恃己长。
信使可覆，
器欲难量。
墨悲丝染，
诗赞羔羊⑪。
景行维贤，
克念作圣。
德建名立，
形端表正。
空谷传声，
虚堂习听。
祸因恶积，
福缘善庆。

尺璧非宝，
寸阴是竞。
资父事君，
曰严与敬。
孝当竭力，
忠则尽命。
临深履薄，
夙兴温凊⑫。
似兰斯馨，
如松之盛。
川流不息，
渊澄取映⑬。
容止若思，
言辞安定⑭。
笃初诚美，
慎终宜令。
荣业所基，
籍甚无竟⑮。
学优登仕，
摄职从政。
存以甘棠，
去而益咏⑯。
乐殊贵贱，
礼别尊卑。
上和下睦，
夫唱妇随。
外受傅训，
入奉母仪。
诸姑伯叔，

犹子比儿。
孔怀兄弟⑰，
同气连枝。
交友投分，
切磨箴规。
仁慈隐恻，
造次弗离。
节义廉退，
颠沛匪亏。
性静情逸，
心动神疲。
守真志满，
逐物意移。
坚持雅操，
好爵自縻。
都邑华夏，
东西二京。
背邙面洛，
浮渭据泾。
宫殿盘郁，
楼观飞惊。
图写禽兽，
画彩仙灵。
丙舍傍启，
甲帐对楹。
肆筵设席，
鼓瑟吹笙。
升阶纳陛，
弁转疑星。
右通广内，

左达承明。
既集坟典⑱，
亦聚群英。
杜稿钟隶，
漆书壁经⑲。
府罗将相，
路侠槐卿⑳。
户封八县，
家给千兵。
高冠陪辇，
驱毂振缨。
世禄侈富，
车驾肥轻。
策功茂实，
勒碑刻铭。
磻溪伊尹，
佐时阿衡㉑。
奄宅曲阜，
微旦孰营？
桓公匡合，
济弱扶倾。
绮回汉惠，
说感武丁㉒。
俊乂密勿，
多士实宁㉓。
晋楚更霸，
赵魏困横。
假途灭虢，
践土会盟㉔。
何遵约法，

韩弊烦刑。
起翦颇牧㉕，
用军最精。
宣威沙漠，
驰誉丹青。
九州禹迹，
百郡秦并。
岳宗泰岱，
禅主云亭㉖。
雁门紫塞，
鸡田赤诚。
昆池碣石，
钜野洞庭㉗。
旷远绵邈，
岩岫杳冥㉘。
治本于农，
务兹稼穑。
俶载南亩，
我艺黍稷。
税熟贡新，
劝赏黜陟。
孟轲敦素，
史鱼秉直。
庶几中庸，
劳谦谨敕。
聆音察理，
鉴貌辨色。
贻厥嘉猷。
勉其祗植㉙。
省躬讥诫，

23

宠增抗极。
殆辱近耻，
林皋幸即。
两疏见机，
解组谁逼㉚？
索居闲处，
沉默寂寥。
求古寻论，
散虑逍遥。
欣奏累遣，
戚谢欢招。
渠荷的历，
园莽抽条。
枇杷晚翠，
梧桐早凋。
陈根委翳，
落叶飘摇。
游鹍独运，
凌摩绛霄。
耽读玩市，
寓目囊箱㉛。
易𬘡攸畏㉜，
属耳垣墙。
具膳餐饭，
适口充肠。

饱饫烹宰，
饥厌糟糠。
亲戚故旧，
老少异粮。
妾御绩纺，
侍巾帷房。
纨扇圆洁，
银烛炜煌。
昼眠夕寐，
蓝笋象床。
弦歌酒宴，
接杯举觞。
矫手顿足，
悦豫且康。
嫡后嗣续，
祭祀烝尝㉝。
稽颡再拜，
悚惧恐惶㉞。
笺牒简要，
顾答审详。
骸垢想浴，
执热愿凉。
驴骡犊特，
骇跃超骧。
诛斩贼盗，

捕获叛亡。
布射僚丸，
嵇琴阮啸㉟。
恬笔伦纸，
钧巧任钓㊱。
释纷利俗，
并皆佳妙。
毛施淑姿，
工颦妍笑㊲。
年矢每催，
曦晖朗曜。
璇玑悬斡，
晦魄环照㊳。
指薪修祜，
永绥吉劭㊴。
矩步引领，
俯仰廊庙㊵。
束带矜庄，
徘徊瞻眺㊶。
孤陋寡闻，
愚蒙等诮。
谓语助者，
焉哉乎也。

【白话】

天是黑颜色的，地是黄颜色的，宇宙广阔无际。

日正日斜，月圆月缺，星辰布满天际。

寒来暑往，秋天收割庄稼，冬天储藏粮食。闰余的日子积累数年编成一月，成为闰年，古人用律吕来调节阴阳。

云气升腾遇冷就形成了雨，夜晚雾气遇冷就形成霜。

黄金生于金沙江，美玉出在昆仑山。

古代宝剑应数"巨阙"，明珠要称"夜光"。

李和柰都是很珍贵的水果，芥和姜都是很贵重的调味品。

海水是咸的，河水是淡的。鱼在水里游，鸟在天上飞。

龙师、火帝、鸟官、人皇，这些都是原始社会的部落领袖。

（古人）创造了文字，并穿起了衣裳。

尧和舜两位古代帝王，实行禅让，把君主的位子主动让给别人。

周武王姬发和商王成汤讨伐昏暴的殷纣王和夏桀，拯救受苦受难的百姓。

（皇帝）坐在朝廷上向大臣们询问治国之道，天下大治，国泰民安。皇帝垂衣拱手，态度谦恭。

（皇帝）爱惜抚育老百姓，并且臣伏戎和羌等少数民族，使远近都得到统一，各地都服服帖帖地宾顺、归服于王。

凤凰在竹林里鸣叫，白马驹在草场里吃草。（皇帝）的德政使草木都受益，万方百姓都得到恩惠。

人的身体头发关系到"四大"和"五常"，要时常想起父母的养育之恩，怎敢随便毁坏和损伤呢？

妇女要仰慕那些严守礼教的贞妇洁女，男子要仿效那些有才能，有道德的人。知道了自己的过错就要纠正，得到别人的好处就不要忘记人家。

不要随便谈论别人的短处。也不要倚仗自己的长处。守信用可经得起复查，涵养要达到高深莫测的程度。墨子对把白丝染成各种颜色感到悲伤，《诗经》上有《羔羊》一篇，歌颂节俭和正直。

要景仰效法贤者高尚的德行，要时时想着做一个品德完美无缺的圣人。

道德修养好了，名望自然就会树立起来，如同形体端正，仪表就庄重一样。

空旷的山谷声音易传播开，空房子里声音易产生回响。祸是因为做恶太多的报应，福是时常行善的结果。一尺长的美玉不足为宝，片刻的光阴却值得珍惜。

要以侍奉父亲的道理来侍奉国君，并像侍奉父亲一样庄严恭敬。

孝顺父母要竭尽全力，孝忠国家要不惜生命。

如同站在深渊的边沿，踩在薄冰的上面，每天要早起晚睡，侍候得父母冬暖夏凉。

（高尚的品德）像兰草那样清香，如松柏那样茂盛。像河水那样长流不息，像湖水那样澄澈透亮，可以映照，可以作为别人的榜样。表情和动作要显得若有所思，说话要沉稳安详，镇定自若。重视事情的开头诚然很好，谨慎地有个好结尾也更好。（高尚的品德）是日后事业显荣之根本，美好的声誉会远播四方，流传不已。

书读好了就能做官，取得职位，就可参与朝政。不要砍掉甘棠树，留着纪念召伯，召伯虽已离去，人民仍用诗歌来歌颂他。

音乐要根据人的身份贵贱而有所不同，礼节要根据人们地位的高低而有所区别。

上上下下要和睦相处，妻子要配合随从丈夫。

在外听从老师的训导，在家要奉行父母立的规范。对待姑姑、伯伯、叔叔，做侄儿、侄女的要像是他们的子女一样。

兄弟之间要和睦相处，互相关心，因为是同一父母所生，气息相通，如同同一树上的树枝一样。

交朋友要志趣相投，彼此规劝，切磋勉励，共同前进。仁慈和恻隐之心，在任何情况下都不可丢弃。

气节、正义、廉洁、谦让，这些是做人不可缺少的准则，即使陷入颠沛流离的境遇中，也不可缺少。

内心清静无求，情绪就安逸自在；内心想入非非，精神就疲惫不堪。保持仁义礼智信之本性，就会感到心满意足，一心追求物欲，意志就会动摇。

能够坚持高尚的情操，高官厚禄自然就会落到你的头上。

中国古代的都城，雄伟壮丽，有东都洛阳和西都长安。

洛阳北靠邙山，南临洛水，长安北横渭水，远据泾河。宫殿层层密密，楼观亭台雄伟高大，十分惊人。上面画着飞禽走兽，还有彩绘的天仙神灵。正殿两旁是嫔妃的厢房，对面是供奉神仙的甲帐。

大摆酒宴，鼓瑟喧天，大臣们上前祝贺，珠帽旋转，闪闪发光，乍看疑是满天星辰。

右边通向藏书室，左边通向著作室。这里既收集有很多珍贵的古书，也聚集了成群的英俊人才。

墙壁上悬挂着杜度的草书和钟繇的隶书，宫殿内还藏有漆写的古书，和孔府墙壁中的经典。

朝廷上聚集着文武将相，早朝时文武百官按等级排列在宫殿前面的路边槐树下。他们都有广大的封地，还有上千的家兵。他们头戴高帽，陪奉帝王游宴，驱车扬鞭，彩饰飘荡，威风凛凛。

世袭的俸禄积累成上万的家财，出门驾着肥壮的马轻快的车。他们的业绩都已记载下来，铭刻在碑石上，流传后世。

吕尚是周文王、武王的功臣，伊尹是辅佐商王成汤的贤相。周成王占领了曲阜奄国的地方，如果不是周公，哪能治理得那样好？

齐桓公九次联合诸侯主持盟会，为的是帮助弱小的国家，扶助即将倾覆的周王室。

汉惠帝做太子时多亏绮里季等才挽回了被废黜的命运，传说应商王武丁梦中感召，受聘为宰相，于是展露才华，使商朝得以中兴。

有才德的豪俊之人，同心协力，勤勉谨慎，各显神通，为国效忠，国泰民安。

春秋时晋文公、楚庄王先后称霸，赵国、魏国受困于连横。

晋国借虞国之路去消灭虢国，回来的路上又灭亡了虞国。晋文公在河南荥泽和诸侯会盟。

萧何遵循简约刑法的精神，韩非死于他自己主张的烦苛之刑。

白起、王翦、廉颇、李牧，最精于用兵打仗。

声威远播到沙漠深处，英名史册流传。

神州大地到处留有大禹治水的足迹，秦始皇吞并了六国，设置郡县天下统一。

五岳以泰山为最尊，古代帝王常到泰山顶上去祭天，再到云云山和亭亭山去祭地。

雁门关、长城、鸡田州、赤城山、昆明池、碣石山、钜野湖、洞庭湖。中国国土辽阔广大，高山峡谷绵延不绝，变化无穷。

国计民生以农业为本，播种收获都要抓紧。一年的农活开始了，既种小米，又种黄米。

每年收割后要上交国税，种得好的要奖赏，种得不好的要处罚。

做人要像孟轲那样敦厚朴实，像史鱼那样秉性耿直。

做人要力求接近中庸，要尽量做到谦虚待人，谨慎地自我检束。

听人说话要审察有无道理，观察别人要看眼色，鉴别其邪正。

要给子孙留下好计策好榜样，勉励他们立德立功，成就事业。要时时反省、告诫自己，恩宠就能达于极点，但要想到乐极生悲。

因为光荣的顶点就临近耻辱，故急流勇退，归隐山林，与世无争才是幸运的。

疏广和疏受二人能够见机行事，有谁逼迫他们解除官职呢？离群索居，一人闲处，保持沉默，清静无为。缅怀古人，冥思默想，这样可以排除烦恼自在逍遥。人高兴的时候精神负担自然就排除了，烦闷时就谢绝别人的欢宴邀请。水塘里的荷花开得多么鲜艳，园里的草木已经抽芽。

枇杷的叶子到冬天仍很翠绿，梧桐的叶子很早就凋谢了。草本的旧根慢慢地枯死，落叶随风四处飘荡。鹍鸡独自飞翔，直冲云霄。

读书者要像王充那样，见书就爱不释手，细读慢看。他的眼睛整天都盯着书袋和书箱。

随便说话是可怕的，要小心，因为隔墙有耳。

准备好饭菜，要合口味，让人吃得饱。肚子饱时，就是鸡鸭鱼肉，也觉得无味；饥饿时即使粗茶淡饭，也觉得很香。亲戚朋友来访，饭菜要根据年龄大小区别招待。

妇女纺纱绩麻，还要端茶送水收拾房屋。用绢制成的团扇又圆又洁净，蜡烛的银光把房子照得辉煌通亮。

白天和晚上躺卧在铺着蓝色竹席的象牙床上。

弹琴唱歌，举行盛大的酒宴，手举酒杯，开怀畅饮，互相道贺。

手舞足蹈，每个人又高兴又快乐又舒适。

子孙后代，秋冬祭祀祖宗之礼，绝不可懈怠忘记。

磕了头，揜手再拜，战战兢兢，诚惶诚恐。

给人写信或写文书，要简明扼要，回答问题要详尽周到。身体脏了，就想洗个澡；热得厉害，就想凉快一下。

驴子，骡子，大小牲口，受惊跳跃，昂头飞奔，你超我赶。诛杀盗贼，捕获叛乱亡命之徒。

吕布善射戟，宜僚善弄丸。嵇康善弹琴，阮籍善吹口哨。蒙恬发明了毛笔，蔡伦发明了造纸术，马钧巧于机械制造，任公子善垂约。吕布射戟、宜僚弄丸解决了矛盾纠纷，蒙恬造笔，蔡伦造纸，马钧造水车等便利了百姓大众，这些都很美妙。毛嫱、西施姿容都很美，笑时很漂亮，皱眉时也很俏丽。光阴似箭，岁月催人老。太阳的光辉明朗照耀。

北斗七星高高运转，朦朦月色普照人间。

要勤于修身养性、努力学习以获福，生活永远平安多么美好。

做事要规规矩矩，走路要抬头挺胸，步伐适度。不论在什么地方，一举一动，一俯一仰，都要表现得端正庄重，就像在庙堂或朝廷上一样。衣服要穿得清洁整齐，态度要显得庄严端正，就是随便走动，或是抬头远望，都要时时注意自己的仪表风度。孤陋寡闻，与愚蠢糊涂之人一样会受到人们耻笑。

说到语助词，那就是焉、哉、乎、也一类的字。

【注释】

① 玄黄：两种颜色。玄指黑色，黄是黄色。

② 洪荒：洪是大辽阔，荒是荒芜。洪荒是指太古时代未开化时的景象。

③ 盈昃：月亮圆了叫盈，过了正午，太阳偏西叫昃。

④ 辰宿：辰是辰星，天空的许多星叫辰星；宿是辰所占的位置。辰宿是星球的总称。列张：散开排列，辰宿列张是指星辰布满天际之意。

⑤ 律吕：律吕是古代校正音律的器物。调阳：是用律吕调节阴阳。

⑥ 巨阙：古宝剑名。传说春秋时代越王有五把著名的宝剑，即巨阙、纯钩、湛卢、莫邪、鱼肠，这五把剑都能够斩钉截铁，无所不穿。

⑦ 龙师：上古时代以龙作为官衔，师是官。火帝：燧人氏发明了取火的方法，后人称其为火帝。鸟官：上古时代以鸟类名称作为官衔。人皇：是三皇之一。上古时代的皇帝，有天皇氏、地皇氏、人皇氏，合称三皇。

⑧ 吊民：安抚百姓。伐罪：讨伐有罪的人。

⑨ 垂拱：垂着衣服，拱着双手，形容态度平易谦恭的样子。平章：平是治理，章是有条理、有秩序。平章是指把天下治理得井井有条达到太平盛世。

⑩ 四大：古人把地、水、火、风称为四大，认为人体是由这四大构成的。五常：古代儒家的五种道德规范，即仁、义、礼、智、信。

⑪ 墨悲丝染：墨翟看见洁白的蚕丝被染成各种各样的颜色感到很悲伤。诗赞羔羊：《诗经》上有："奚止羔羊，可赞于文。"羔羊能保持

全身洁白，不受习染，得到了诗经上的赞美。

⑫凤兴：凤，早晨，兴，起。凤兴是"凤兴夜寐"的简称，即早起晚睡。温，暖。清，凉。温清指冬天使父母温暖，夏天使父母凉爽。

⑬渊澄：渊，湖渊也。澄，清澈也。映，照也。渊澄取映，指品德洁清，如湖水那样澄澈可照。

⑭容止若思：表情和举止要显得若有所思，很严肃的样子。言辞安定：说话要沉稳安详，镇定自若。

⑮荣业：事业显荣。基：根本。籍甚：名声很好。无竟：没有尽头，没有限量。

⑯甘棠：甘棠树。咏：歌咏，赞美。据《诗经》上记载，周朝的召公，勤政爱民，他巡视南国时，曾经坐在一棵甘棠树下休息，当地人为了感激他，决定保存这棵树以示纪念。

⑰孔怀，比喻兄弟和睦，非常关心。

⑱坟典：即《三坟》《五典》，记载三皇的书叫《三坟》，记载五帝的书叫《五典》。

⑲杜稿：指汉朝著名书法家杜度的草书。钟隶：魏朝书法家钟繇的隶书。漆书：用漆写的古书。壁经；即古文《尚书》，因藏在孔府壁中，又称壁经。

⑳府：聚集。罗：列也。将相：文武大臣。路：道路，侠：同夹也，排列之意。槐卿：即公卿，高级官员的总称。

㉑磻溪：水名，在陕西省宝鸡县东南，姜太公（名尚，字子牙），曾在此钓鱼。后辅佐周武王伐纣，累建奇功。伊尹：商朝伊川人，协助成汤伐桀灭夏，建立商朝。佐时：创造时代。阿衡：阿是倚赖、依靠。衡是平衡。阿衡是商代官名，伊尹曾任之。这里可泛指宰相。

㉒绮：绮里季，商朝隐士，四皓之一。四皓是绮里季、东园公、夏黄公、角里先生。回：回护，保全。说：傅说，商朝的隐士，后来当了殷高宗的宰相。

㉓俊乂：品德高尚，才华出众的人。密勿：作事勤勉谨慎叫密勿。多士：许多品学兼优的人。实：通是、国是、国是即国策、国计。宁：安宁。

㉔假途灭虢：春秋时晋国借虞国道路前去攻打虢国，灭虢国后，在班师回国的时候，顺便又灭亡了虞国。践土会盟：晋文公战胜楚国

后，在践土（今河南荥泽）会合诸侯，订立盟约，并公推文公为盟主。

㉕起翦：白起、王翦，都是战国时代秦国的著名将领。颇牧：廉颇、李牧，战国时代赵国的著名将领。

㉖禅：古代帝王在泰山上祭天叫封，在泰山下的小山祭地叫禅。云亭：泰山下的小山云云山和亭亭山，古代帝王常在此祭地。

㉗雁门：即雁门关，在今山西省代县西北。紫塞：即长城。鸡田：即鸡田州，在今宁夏灵武县。赤城：地名，在今河北省西北部。昆池，即昆明池，又名滇池，在云南省。碣石；山名，在今河北省乐亭县东南。钜野：古代的湖泽名，在山东省钜野县北方。洞庭：湖名，在今湖南省。

㉘旷远：空阔遥远。绵邈：连续不断，悠长深广。岩岫：高而陡峻的山。杳冥：深邃幽暗。

㉙贻：遗留。厥：（指示代名词）其，那些。嘉猷，嘉是美好，猷是计划。嘉猷是可供人摹仿的规范。祗：恭敬自重，植：树立、建立。

㉚两疏：指西汉时的疏广和疏受二人，两人都做了大官，但只做了五年就辞官归隐。见机：看准机会。解组：解去系印的带子，即指解除官职。

㉛耽读：沉醉于读书。玩市：闹市。寓目：留意察看。囊箱：书袋和书箱。

㉜易輶：随便去说一些无关紧要的细小事情，攸畏：更应小心。

㉝烝尝：古代祭典的名称。秋祭叫尝，冬祭叫烝。

㉞稽颡：叩头时以额触地叫稽颡，是叩拜礼中最敬的一种。悚惧：战战兢兢，唯恐疏忽的意思，与恐惶同义。

㉟布射：吕布（东汉人）善射戟。辽丸：辽是熊宜辽，春秋时代楚国人，善于弄丸，即丢弹子。嵇琴：嵇康，东汉时人，善于弹琴。阮啸：阮籍，字嗣宗，东汉时人，善于吹口哨。

㊱恬笔：恬即蒙恬，秦始皇的大将，监修长城，发明了毛笔。伦纸：伦即蔡伦，东汉时人，发明了造纸术。钧巧：钧即马钧，三国时魏国人，巧于机械设计制造。任钓：任是任公子，《庄子》上的寓言人物，善于垂钓。

㊲毛施：毛嫱和西施，都是古代的著名美女。椒姿：美好的姿色。工颦：善于皱眉。妍笑：笑得很甜，很可爱。

㊳ 璇玑：北斗七星的总称，悬斡：在天空中悬挂转动。晦魄：月色幽暗叫晦，月球上的阴暗部分叫魄。晦魄即月亮。环：环绕。

㊿ 指薪：指薪就是传薪。意即知识和技能的传播，就像柴草被点燃以后，火会不断地蔓延下去。修祜：修是修身，祜是幸福。修身可以得到幸福。永绥：长久平安。吉劭：生活美满。

⑩ 矩步：走路规规矩矩，步伐大小合适的方步叫矩步。引领：挺直脖子叫引领。廊庙，指朝廷。

⑪ 束带：意指衣服要穿得整整齐齐。矜庄：腰间系着宽带子，严肃持重的样子。徘徊：在一个地方来回走动。瞻眺：抬起头来遥望远处。

◇ 名 贤 集 ◇

【题解】

《名贤集》是中国古代蒙学教材中影响较大的一部，其作者不详，从内容上看，大约成书于南宋以后。本书汇集了自孔、孟以来历代儒家贤哲的名言警句，同时还收集了许多民间流传的为人处事、待人接物、治学修德等方面的格言谚语等，句式对偶整齐，不拘字数。有四字为句、五字为句、六字为句、七字为句的，读来顺口，浅显易懂，便于记诵，如"谏之双美；毁之两伤"；"得荣思辱，居安思危"；"事要三思，免劳后悔"；"人无远虑，必有近忧"；"将相本无种，男儿当自强"；"临崖勒马收缰晚，船到江心补漏迟"；"良言一句三冬暖，恶语伤人六月寒"，等等，这些格言、名句、谚语多富有哲理性，耐人寻味，给人启迪。同时文中也有一些消极的、不合时宜的内容，如"人为财死，鸟为食亡"；"官满如花谢，势败奴欺主"；"有钱便使用，死后一场空"；"百年还在命，半点不由人"等，希望读者在阅读时注意。

【原文】

但行好事，
莫问前程。
与人方便，
自己方便。
善与人交，
久而敬之。
人贫志短，
马瘦毛长。
人心似铁，
官法如炉①。
谏之双美，
毁之两伤②。
赞叹福生，
作念祸生③。
积善之家，
必有余庆；
积恶之家，
必有余殃。
休争闲气，
日有平西。
来之不善，
去之亦易。
人平不语，
水平不流。
得荣思辱，
身安思危。
羊羔虽美，
众口难调。
事要三思，

免劳后悔。
太子入学，
庶民同例。
官至一品，
万法依条④。
得之有本，
失之无本。
凡事从实，
积福自厚。
无功受禄，
寝食不安。
财高语壮，
势大欺人。
言多语失，
食多伤身。
送朋友酒，
日食三餐。
酒要少吃，
事要多知。
相争告人，
万种无益。
礼下于人，
必有所求。
敏而好学，
不耻下问。
居必择邻，
交必良友。
顺天者昌，
逆天者亡。

人为财死，
鸟为食亡。
得人一牛，
还人一马。
老实常在，
脱空常败⑤。
三人同行，
必有我师。
人无远虑，
必有近忧。
寸心不昧，
万法皆明⑥。
明中施舍，
暗里填还。
人间私语，
无闻若雷；
暗室亏心，
神目如电。
肚里蹊跷，
神道先知⑦。
人离乡贱；
物离乡贵。
杀人可恕，
情理难容。
人欲可断，
天理可循⑧。
黄金浮世在，
白发故人稀。
黄金非为贵，

安乐值钱多。
休争三寸气，
白了少年头。
百年随时过，
万事转头空。
耕牛无宿草，
仓鼠有余粮。
万事分已定，
浮生空自忙。
结有德之朋，
绝无义之友。
常怀克己心，
法度要谨守。
君子坦荡荡，
小人常戚戚⑨。
见事知长短，
人面识高低。
心高遮甚事，
地高偃水流。
水深流去慢，
贵人语话迟。
道高龙虎伏，
德重鬼神钦。
人高谈今古，
物高价出头。
休倚时采势，
提防时去时。
藤萝绕树生，
树倒藤萝死。
官满如花谢，

势败奴欺主。
命强人欺鬼，
运衰鬼欺人。
但得一步地，
何须不为人。
人无千日好，
花无百日红。
人有十年壮，
鬼神不敢傍。
厨中有剩饭，
路上有饥人。
饶人不是痴，
过后得便宜。
量小非君子，
无毒不丈夫⑩。
路遥知马力，
日久见人心。
长存君子道，
须有称心时。
雁飞不到处，
人被名利牵。
地有三江水，
人无四海心。
有钱便使用，
死后一场空。
为仁不富矣，
为富不仁矣。
君子喻于义，
小人喻于利。
贫而无怨难，

富而无骄易。
百般还在命，
半点不由人。
在家敬父母，
何须烧远香。
家贫和也好，
不义富何如。
晴干开水道，
须防暴雨时。
寒门生贵子，
白屋出公卿⑪。
将相本无种，
男儿当自强。
欲要夫子行，
不可一日清⑫。
三千徒众立，
七十二贤人。
成人不自在，
自在不成人。
国正天心顺，
官清民自安。
妻贤夫祸少，
子孝父心宽，
白云朝朝过，
青天日日闲。
自家无运至，
却怨世界难。
有钱能解语，
无钱语不听。
时间风火性，

烧了岁寒衣。
人生不满百，
常怀千岁忧。
来说是非者，
便是是非人。
积善有善报，
积恶有恶报。
报应有早晚，
祸福自不错。
花有重开日，
人无再少年。
人无害虎心，
虎有伤人意。
上山擒虎易，
开口告人难。
忠臣不怕死，
怕死不忠臣。
从前多少事，
过去一场空。
满怀心腹事，
尽在不言中。
既在矮檐下，
怎敢不低头。
家贫知孝子，
国乱识忠臣。
但是登途者，
都是福薄人。
命贫君子拙，
时来小人强。
命好心也好，

富贵直到老；
命好心不好，
中途夭折了；
心命都不好，
贫苦直到老。
年老心未老，
人穷行莫穷。
自古皆有死，
民无信不立。
长将好事于人，
祸不临身害己。
既读孔圣之书，
必达周公之礼。
君子敬而无失，
与人恭而有礼。
事君数斯辱矣，
朋友数斯疏矣。
人无酬天之力，
天有养人之功^⑬。
一马不备二鞍，
忠臣不事二主。
长想有力之奴，
不念无为之子。
人有旦夕祸福，
天有昼夜阴晴。
君子当权积福，
小人仗势欺人。
人将礼乐为先，
树将枝叶为圆。
马有垂缰之义，

狗有湿草之恩^⑭。
运去黄金失色，
时来铁也争光。
怕人知道休做，
要人敬重勤学。
泰山不却微尘，
积小垒成高大。
人道谁无烦恼，
风来浪也白头。
贫居闹市无人问，
富在深山有远亲。
人情好似初相见，
到老终无怨恨心。
白马红缨彩色新，
不是亲者强来亲；
一朝马死黄金尽，
亲者如同陌路人。
青草发时便盖地，
运通何须觅故人。
但能依理求生计，
一字黄金不见人。
才与人交辨人心，
高山流水向古今^⑮。
莫做亏心侥幸事，
自然灾害不来侵。
人着人死天不肯，
天着人死有何难。
我见几家贫了富，
几家富了又还贫。
三寸气在千般用，

一旦无常万事休。
人见利而不见害，
鱼见食而不见钩。
是非只为多开口，
烦恼皆因强出头。
平生正直无私曲，
问甚天公饶不饶。
猛虎不在当头卧，
困龙也有上天时。
临崖勒马收缰晚，
船到江心补漏迟。
家业有时为来往，
还钱长记借钱时。
金风未动蝉先觉，
暗算无常死不知⑯。
青山只会明今古，
绿水何曾洗是非。
常将有日思无日，
莫待无时思有时。
善恶到头终有报，
只争来早与来迟。
蒿里隐着灵芝草，
淤泥陷着紫金盆。
劝君莫作亏心事，
古往今来放过谁。
山寺日高僧未起，
算来名利不如闲。
欺心莫过三江水，
人与世情朝朝随。
人生七十古来稀，

多少风光不同居。
长江一去无回浪，
人老何曾再少年。
大道劝人三件事，
戒酒除花莫赌钱。
言多语失皆因酒，
义断亲疏只为钱。
有事但逢君子说，
是非休听小人言。
妻贤何愁家不富，
子孝何须父向前。
心好家门生贵子，
命好何须靠祖田。
侵人田土骗人钱，
荣华富贵不多年。
莫道眼前无报应，
分别折在子孙边。
酒逢知己千杯少，
话不投机半句多。
衣服破时宾客少，
识人多处是非多。
草怕严霜霜怕日，
恶人自有恶人磨。
月过十五光明少，
人到中年万事和。
良言一句三冬暖，
恶语伤人六月寒。
雨里深山雪里烟，
看时容易做时难。
无名草木年年发，

不信男儿一世穷。
若不与人行方便，
念尽弥陀总是空。
少年休笑白头翁，
花开能有几时红。
越奸越狡越贫穷，
奸狡原来天不容。
富贵若从奸狡得，
世间呆汉吸西风。
忠臣不事二君王，
烈女不嫁二夫郎。

小人狡猾心肠歹，
君子公平托上苍。
一字千金价不多，
会文会算有谁过。
身小会文国家用，
大汉空长做什么。
乖汉瞒痴汉，
痴汉总不知；
乖汉做驴子，
却被痴汉骑⑰。

【白话】

只管多做好事，不必去想这对你的将来有害还是有利。

把方便送给别人，同时自己也会得到便利。

能够长久地和大家友好相处，就会得到大家的敬重。

人如果穷了，就会缺少志气；马如果瘦了，毛就会显得很长。

即使有的人心肠像铁石一样冷酷，也会在法律面前变得驯服。

善意地劝导别人，对双方都有好处；恶意地诋毁别人，只能是两败俱伤。多说别人的好话，就会得到好处；总想着算计别人，就会招来祸患。

常做好事的家庭，一定会给后代留下很多福泽；而常干坏事的家庭，则会给后代留下很多祸殃。

不要和别人因无关紧要的事情斗气，太阳还有西落的时候呢！

用不正当手段得来的东西，会很容易地失去。

人心平气和时就不会说什么抱怨的话语，正像水势平缓就不会咆哮一样。

在荣耀面前要想到还会有羞辱的时候，平安时要想到还会有危险的事发生。

用小羊羔做出的菜肴味道固然鲜美，但并不能适合所有人的口味。

做任何事都要三思而后行，免得事后懊悔。

皇太子上学读书也要和老百姓家的子弟一样遵守校规。

官做得再大，也要依照法令办事。

懂得了圣贤之道，就有了立身的根本，失去了圣贤之道，就丢掉了做人的根本。

遇事采取诚实的态度，福分就会越积越多。

平白无故地得到别人的好处，睡觉吃饭都不会安宁。

钱财多了，人说话的口气就大了，势力大了，就容易欺负人。

话说多了，就会有说漏嘴的时候，吃东西太多了，对身体就会有伤害。

把美酒送给朋友，朋友就会回敬你三顿美餐。

酒要少喝一点，事情的道理要多知道一些。

和别人发生矛盾就去告状，一点好处也没有。

给别人送礼，对别人一定有所要求。

即使自己很聪明也要学习，不要认为向身份比自己低的人求教是一件羞耻的事情。

住家时要选择好邻居，交朋友一定要交品德优秀的人。

顺应天意民心就会昌盛，违背天意民心就会灭亡。

人会为了争夺钱财而丧命，鸟会为了争得食物而死亡。

若得别人的好处，一定要加倍报答。

老老实实地做事就能取得成功，生活自在，夸夸其谈，不切实际地去冒险则必然失败。

在一起走的三个人当中，一定会有一个人可以做我的老师。

人如果没有长远的计划，不久就会有令人烦恼的事发生。

只要不做昧良心之事，所有的法律条文自然就会通晓明白。

给别人施舍东西，从表面物质上讲对自己有所损失，但在其他看不见的地方却会得到补偿。

人们之间说的任何悄悄话，老天爷耳里都会像雷一样清楚；

在没人看见的地方干的亏心事，在老天爷眼里也会像闪电一样一目了然；心中任何可疑的地方，老天爷都会预先知晓的。

人离开了故乡，就不会有人理睬，而物产离开了原地，价钱就会变得昂贵。

杀人的事情，有时即使可以饶恕，但人情天理对此却是不能宽容的。

人如果能斩断那些不合礼教的欲念，那么天理道德就会得到遵循。

黄金满世界都可以找到，但能友好相交到白头的人却很少。

黄金并不可贵，安宁和快乐才真正可贵。

不要和人争强斗气，以免为此烦恼而徒增白发。

人的一生会随着时间的流逝而过去，许多往事回想起来会觉得什么也没有留下。

辛勤的耕牛倒没有第二天吃的草，而躲在仓库里的老鼠却有吃不完的粮食。

世上所有事情的结果早已注定了，人的一生都是在白白忙碌。

要和有品德的人交朋友，和无信义的人断绝往来。

要经常注意克制自己的欲望，严格遵守法律制度。

君子总是心胸宽阔，没有不必要的烦恼，而小人常常心胸狭隘、忧患重重。

遇到事情要明辨是非，权衡利弊，与人接触要善于观察，识别他内心品行的高低。

心计高超的人什么事都能对付，就像地势高了能挡住水流一样。

水深了就流得很慢，高贵的人不急于发表自己的意见。

道法高超的人能够降龙伏虎，品德高尚的人连鬼神也会敬重。

才学高的人可以谈古论今，东西贵重了，价格自然会高的。

不要依靠运气，要提防也有运气不佳的时候。

藤萝缠绕在树上赖以生存，树倒了藤萝也就随之死掉了。

　　做官的期限满了就会像花落时一样凄凉，权势衰败了，连奴仆也会欺侮主人。

　　命运强盛时人可以压住鬼怪，运气不佳时鬼怪就会来作祟。

　　只要能有一步之地可以立足，为什么不活下去呢？

　　人命运生活不会永远红火下去，就像花不会常开不败一样。

　　如果人的身体很健康，鬼神就不敢靠近他。

　　厨房中总会有吃不完的饭菜，道路上总会有饥饿的行人。

　　让人的人不是傻瓜，事后他会得到应得的东西。

　　气量狭小的人不能算是君子，下不了毒手的人称不上是大丈夫。

　　路途遥远了才能知道马匹力量的大小，相处的日子长久了，才可以看出人心的善恶。

　　常常按做君子的道理行事，一定会有称心如意的时候。

　　即使是大雁飞不到的地方，人若被名利所诱惑，也会冒险前往的。

　　大地宽广得能包容万物，人却没有海这样宽广的心胸。

　　有了钱时就毫不可惜地花掉它，等死后一切都是空的。

　　要行仁义道德就不会发财致富，要发财致富就不能讲仁义道德。

　　君子明白做人的道理，小人只知道与人争利。

　　要想使贫穷的人不生怨恨很难办到，而要使富贵的人不骄傲却比较容易。

　　人的一生都由命运主宰，半点都由不得自己。

　　在家里恭恭敬敬地侍候父母就是行大善，何必跑到远处去烧香敬神。

　　家道贫寒却很和睦就很好，不行仁义即使富贵了又能怎么样呢？

　　天气晴朗无雨时要修好排水道，以防暴雨时洪水成灾。

　　贫寒人家能生养出有出息的孩子，茅草屋里也能出当大官的人。

将相本来不是天生的，男子汉一定要奋发图强。

想要有孔夫子那样的品行，就不能有一天放松自己。

孔子一共有三千个学生，其中只有七十二人成为贤人。

要想成为贤人就不能清闲自在，要想清闲自在就不能成为贤人。

国家如能按照天意办事，老天就会满意；当官的如能为政清廉，老百姓自会安居乐业。

妻子贤惠了，做丈夫的就会少惹祸；儿子孝顺了，做父亲的就会心情舒畅。

白云天天忙忙碌碌地在空中飘来浮去，哪里比得上青天安安静静清闲自在。

自己的好运气没有到来，却怨恨世界上到处充满艰难。

有了钱别人就会按你的眼色行事，没有钱即使给别人说好话也不会有人听。

春天来得真快，人们冬天身上穿的御寒的棉衣仿佛被它一下子吹掉了。

人的一生通常超不过一百岁，却要考虑一千年的事情，把自己弄得非常忧愁。

来给你说别人是非的人，他自己便是搬弄是非的人。

行善积德就会有好的报应，多做坏事就会有灾祸到来。报应早晚都会降临，是祸是福自然是不会有差错的。

花有重新开放的时候，人却没有再年轻的时候。

你即使不想伤害老虎，老虎也想吃掉你。

上山去捉老虎很容易，要开口求告人却很难。

忠臣是不怕死的，怕死的不是忠臣。

从前经历的多少事情，过去以后都是一场空。

有满肚子的心事，却不开口讲出来。既然站在低矮的屋檐下，怎能不把头低下来呢？

家境贫寒了才会知道谁是孝子，国家出现动乱才能看出谁是忠臣。

凡是在外奔波谋生的人，都是没有福气的人。

命运不好，君子也会显得无能，运气来了，连小人也会显得很有能耐。

命运好心肠也好的人，一辈子都会享富贵的；命运好而心地不好的人，办什么事情都不会成功；心肠坏命运又不好的人，一辈子都不会有好日子过。

年纪大了要雄心不老，人穷了不要失去良好的品行。

自古以来谁都免不了一死，老百姓对统治者失去了信任，其统治就不能安稳。

经常对人做好事，灾祸就不会降临到自己身上。

既然读了孔圣人的书，就一定通晓周公制定的"礼"。

君子为人严谨而没有什么差错，对人恭敬而有礼仪。

对君王多次进谏就会招来羞辱，对朋友多次规劝，朋友就会与你疏远。

人没有报答老天的能力，天却有养育人的功劳。

一匹马不能备上两副鞍子，忠贞的臣子不能为两个主子效力。

常常会想着得力的奴仆，却不会思念无能的儿子。

人的祸福说不定在哪个早上或晚上就会来到，短短一昼夜天的阴暗、晴朗都会有变化。

君子执掌权力会为老百姓做好事，小人当了官只会依仗权势欺压人民。

做人要把礼乐放在首位，树有了枝叶才能完美无缺。

马和狗都有报答主人的心意，何况人呢？

运气不好时连黄金都暗淡失色，运气来了连铁也会闪闪发光。

怕人知道你在做坏事就不要去做，想要别人敬重你只有勤奋学习。

泰山不拒绝接受微小的尘土，正是因为积累细小才变得如此高大。

　　常言说谁能没有烦恼呢，风刮来了连平静的水面也会翻起波浪。

　　家道贫穷了，即使住在繁华的城市也没有人理你，家道富裕了，即使住在深山里也有亲戚来往。

　　和人交往态度要保持初见面那样，这样到老互相之间也不会有抱怨和嫉恨。

　　当你有权有势的时候，和你不是亲戚的人也会厚着脸皮来认亲；等到你破落的时候，从前和你亲密的人也会远离你，好像不认识你一样。

　　青草长起来时自然会盖满大地，运气不错时哪用找朋友帮忙。

　　只要能依照道德礼义生活下去，哪里用得着开口求人。

　　刚和人相交的时候就要看清他的心底如何，古往今来都会有"高山流水"那样的知音。

　　不要存着侥幸的心理去做对不起人的事情，灾祸自然不会降到你头上。人让人死有老天阻拦，老天让人死则轻而易举。

　　我看到有多少人家由贫变富，又看到有多少人家由富变穷。

　　只要生命存在干什么事都能应对，一旦失去生命那就什么事也干不成了。

　　人见了好处时看不到随之而来的灾害，就像鱼见了饵食而看不到鱼钩一样。

　　招来是非只是因为话多，有了烦恼都是因为争强好胜。

　　只要一辈子为人正直无私，用不着去管老天是否饶恕你。

　　猛虎不会在别的野兽面前驯顺地卧着，被困的蛟龙也有飞上天空的时候。

　　马已跑到悬崖边再勒缰绳就晚了，船已划到江心再补漏洞就迟了。

　　家道富有时要多和人来往，给人还钱时要想着当初借钱时的艰难。

　　秋风还没有刮起来的时候蝉已感觉到寒冷的天气即将来临，但有的人被暗害至死还不知道是怎么回事情。

青山绿水只知道历史上发生的事情，却不能明断其中的是是非非。

手头有了钱物要常想着珍惜，以备有朝一日手头紧张，不要等到两手空空时再向往原来富裕的时候。

行善或作恶，到头来都会有报应的，只是报应的到来有迟有早罢了。

蒿草里隐藏着灵芝草，淤泥下埋着紫金盆。

劝你不要做对不起别人的事情，否则就会得到报应，古往今来有谁能逃得过去？

日头已经老高了，寺庙里的僧人还没有起床，看来追求名利还不如像僧人这样闲散自由好。

江水从不明辨是非，只管东流而去，人们总是依照人情世故为人处事。很少有人能活到七十岁，在人短暂的一生中有多少山水风光不能享受到。

滔滔东去的长江水不会倒流，两鬓斑斑的人不可能再返回到少年的时光。

规劝人最重要的是这三件事：不要多喝酒，不要寻花问柳，不要赌博。言多语失都是因为多喝了酒，抛却了道义，疏远了亲人，只是因为贪图钱财。

遇事要和正直的君子商量，不要听小人胡言乱语。

妻子贤惠了何愁家里不富裕，儿子孝顺了哪用父亲东奔西跑。

心好的人家会生下有出息的孩子，命好的人用不着依靠祖宗留下来的产业。

霸占别人的土地骗取别人的钱财，享受不了几天荣华富贵。

不要认为眼前没有报应就平安无事了，报应会降到你的儿孙身上。

和知心的朋友在一起喝酒，喝多少也不觉得多；和不对劲的人在一块，说半句话也嫌多余。

人穷困了来访的宾客就少了，但是结识的人多了又会招来是非。

青草被霜打，霜又被日头晒化，作恶的人自然会有比他更凶恶的人制服。

月亮过了十五光亮一天不如一天，人到了中年遇事就很平和，不会冲动了。

一句关心的话可以使人在三九寒天感到春天般的温暖，含有恶意的话会使人在炎热的夏天也感到寒冷。

唐伯虎的下雨时的深山和下雪时的炊烟图，看着很平常，要想画出来却很困难。

无名的草木年年都会生长起来，男子汉怎能相信自己一世穷困，不会发达呢？

如果不愿意把方便让给别人，天天念佛也是白搭。

少年人不要嘲笑老态龙钟，鲜艳的花朵能开几天呢？

越奸诈狡猾越没有好日子过，因为老天不会容忍这样的人。

如果能依赖奸诈狡猾得到富贵，那么天下的老实人只好去喝西北风了。

忠诚的臣子不会给两个君王做事，贞节的女子不会改嫁。

小人狡猾心肠坏，君子为人公平，把祸福交给老天决定。

有学识的人写的一个字比千两黄金还贵重，他能写文章能计算，谁能比得过他。

身材短小却能写文章的人对国家有用处，身材高大却不通文墨的人对国家有何用？

机灵的人欺哄愚笨之人，愚笨之人不知道。谁知道来世机灵的人变成了驴子，却被愚笨之人骑着走。

【注释】

① 官法：国家的法律。如炉：像熔炉一般。这句话的意思是，心肠再硬的坏人，也会被国法所驯服。

② 谏之：善意地劝导别人。毁之：恶意地诋毁别人。

③ 赞叹：赞誉别人，说别人的好话。作念；算计别人。

④ 一品：一品官，朝廷最高官。封建社会官分一品、二品、三品等，一品为最高级别。万法依条：干什么事都要遵守国家法律，依法办事。

⑤ 老实常在：老老实实地做事常能获得成功，生活自在。脱空常败：不切实际，夸夸其谈，干任何事情都将失败。

⑥ 寸心不昧：不做对不起良心之事。万法：所有的法律条文，明：懂得；通晓明白。

⑦ 蹊跷：奇怪，可疑。神道：老天爷。

⑧ 人欲：不合天理的欲念。循：遵循。

⑨ 坦荡荡：形容心胸宽广、无忧无虑的样子。戚戚，形容心胸狭隘、忧愁的样子。

⑩ 量小：气量狭小。无毒：心狠手辣。亦称无度：没有度量的人。

⑪ 寒门、白屋：指家境贫寒之家。

⑫ 夫子：孔夫子，孔子。行：品行。清：清闲，放松。

⑬ 酬：报答。养：养育。

⑭ 马有垂缰之义：据刘敬叔《异苑》上载，前秦国王苻坚有一次被慕容冲所袭，苻坚骑马逃跑，不幸掉入山涧。眼看追兵将至，苻坚又没有办法上来。马便把缰绳垂给他，不料他仍够不着，马便跪下，苻坚遂抓住缰绳上来，骑马逃往庐江。狗有湿草之恩：据《太平广记》载：唐朝太和年间，广陵人杨生养了一只狗。杨生平常非常爱它，常常带在身边。一天杨生喝醉了，倒睡在荒草中，当时正值冬天，起大火了，而且风刮得很厉害。狗便围着杨生大声吠叫，杨生因醉得厉害，毫无知觉。狗无奈，只好跑到水里弄湿自己的身体，又卧到杨生身边的草上。如此多次，杨生周围的草全被弄湿。大火过后，杨生安然无恙，保住了性命。

⑮ 高山流水：据《列子》载：伯牙弹琴，曲意是表现登高山。钟子期赞叹道："太妙啦！像泰山一样巍峨！"当伯牙在表现流水时，钟子期赞道："太妙啦，像长江黄河一样浩浩荡荡！"从此伯牙和钟子期成了好朋友，后人便把"高山流水"比喻知心朋友。

⑯ 金风：秋风。觉：感觉。无常：无常鬼，迷信的人认为人临死时会有无常鬼来勾魂。知：知晓。

⑰ 乖汉：机灵人。瞒：瞒哄；欺骗。痴汉，傻瓜；愚笨之人。

◇ 弟 子 规 ◇

【题解】

《弟子规》初名《训蒙文》。是根据宋代朱熹的《童蒙须知》改编而成的。其作者李毓秀，字子潜，山西新绛人，出身于士宦之家，是清代的"国学"生员。他将《童蒙须知》改编为《训蒙文》。以后清代儒生山西平阳人贾存仁（字木斋），又对《训蒙文》进行多次修订，始改名《弟子规》。其中心思想则是围绕《论语·学而》中的"弟子，入则孝，出则悌，谨而信，泛爱众，而亲仁；行有余力，则以学文"而阐发的。除总叙外，其余四部分的标题亦取之其文。

《弟子规》即青少年、学生的道德行为规范。其中侍奉父母、尊重师长、为人处事、衣食住行各个方面，都有很具体的要求，实际上是我国封建社会比较完备的一部青少年、学生守则。就其内容来讲，如"朝起早，夜眠迟"，"财物轻，怨何生"，"凡出言，信为先"，"见人善，即思齐"，"勿谄富，勿骄贫"，"己不欲，即速已"等等，今天仍适用。但是，作为封建社会的道德行为规范，无疑是封建伦理道德的反映，不可能超越历史。如"丧三年，常悲咽，居处辨，酒肉绝"；"说话多，不如少，多易错，少易好"；"不关己，莫闲管"；"非圣书，屏勿视"等等，便打有那个时代深深的烙印。这些思想，今天看来是不足取的，希望读者在阅读过程中予以鉴别，汲取其精华，剔除其糟粕。择其善者而用之，其不善者而去之。

一、总　叙

【原文】

弟子规^①，圣人训^②：首孝弟^③，次谨信^④，泛爱众，而亲仁^⑤；有余力，则学文^⑥。

【白话】

《弟子规》中所讲的有关做人的道德规范都是孔子等圣人的训导：首先要孝顺父母，敬爱兄长，还要谨慎小心，诚实可信，要博爱大众，亲近仁义宽厚之人，在此基础上，如有精力，再学习文化典籍。

二、入则孝，出则悌

【原文】

父母呼，应勿缓；父母命，行勿懒；父母教，须敬听；父母责，须顺承。

冬则温^⑦，夏则清^⑧，晨则省^⑨，昏则定^⑩。

出必告，反必面，居有常，业毋变^⑪。

事虽小，勿擅为，苟擅为，子道亏^⑫。

物虽小，勿私藏，苟私藏，亲心伤。

亲所好，力为具^⑬，亲所恶，谨为去^⑭。

身有伤，贻亲忧^⑮，德有伤，贻亲羞。

亲爱我，孝何难？亲恶我，孝方贤。

亲有过，谏使更^⑯，怡吾色，柔吾声^⑰。

谏不入，悦复谏^⑱，号泣随，挞无怨。

亲有疾，药先尝，昼夜侍，不离床。

丧三年，常悲咽，居处辨[19]，酒肉绝。

丧尽礼，祭尽诚，事死者，如事生。

兄道友，弟道恭[20]。兄弟睦，孝在中。

财物轻，怨何生？言语忍，忿自泯[21]。

或饮食，或坐走，长者先，幼者后。

长呼人，即代叫；人不在，己即到。

称尊长，勿呼名，对尊长，勿见能[22]。

路遇长，疾趋揖[23]，长无言，退恭立。

骑下马，乘下车，过犹待，百步余[24]。

长者立，幼勿坐，长者坐，命乃坐。

尊长前，声要低，低不闻，却非宜。

进必趋，退必迟[25]。问起对，视勿移[26]。

事诸父，如事父，事诸兄，如事兄[27]。

【白话】

父母亲叫你，做儿女的要立即答应，不能迟缓。父母亲让你干什么，动作要干脆利落，不能懒惰。父母亲教导你，做儿女的必须恭恭敬敬地听着。父母亲训斥你，做儿女的必须顺从地接受。

夏天把父母的席子扇凉，冬天用自己的身体为父母亲暖被窝，早晨向父母请安，晚上伺候父母安歇。

出外要禀告父母，返回后要向父母问候。居住的地方要相对固定，从事的职业不要轻易改变。

事情尽管小，但不能擅自行动（要向父母请示），否则，就违背了做儿女的准则。东西尽管小，但不能私自拿了藏起来，否则，父母亲就会感到伤心。

父母喜好的，要尽力去实现，父母厌恶的，要郑重地舍弃。儿女的身体有了损伤，会使父母忧虑，行为品德不好，会给父母丢脸，使他们脸上无光。

父母疼爱我，尽孝不难，父母不喜欢我，还能尽孝，才是真正有贤德之为。父母有过错，要规劝他们，使其改正。规劝时要和颜悦色，说话要轻柔温和。父母不听，等父母高兴时再劝。还不听，就要哭叫着劝。即使父母生气，抽打自己，也应毫无怨言。父母有病，子女要为父母煎药尝药，要不分白天黑夜地在床前侍候。父母死了，要守丧三年，在守丧期间应经常悲泣，夫妇分开居住，不喝酒吃肉。办丧事要尽到礼节，祭祀要心诚。对待死去的亲人如同对待活着的亲人一样。做兄长的要讲友爱，做弟弟的要知道恭敬。兄弟和睦，孝就在其中了。都把财物看轻了，相互间的怨恨从哪里产生呢？说话互相忍让，忿恨自然就会消失。

不管吃、喝、坐、走，都应年长的在前，年幼的在后。长辈叫人，要立即帮着去叫，被叫的人不在，自己应立即回来相告。对长辈不能直呼其名，在长辈面前不可卖弄自己的才能。路上遇见长辈，马上迎上前去作揖行礼，长辈不说话时就后退恭敬地站着。见到长辈时，骑马时要立即下马，乘车时要迅速下车，长辈过去后还要站在一旁目送百余步远。长辈站着的时候，晚辈不能坐着，等长辈坐下后，让你坐时才可坐下。在长辈面前说话声音要低沉，但低到所不见，就不合适了。到长辈那里要快步上前，退出来时步子要缓慢。长辈和你说话，要站起身回答，眼睛不能东张西望看别的东西。侍奉叔伯等父辈如同对待自己的父亲一样。侍奉堂表等兄长如同对待自己的亲兄长一样。

三、谨而信

朝起早，夜眠迟，老易至，惜此时。
晨必盥，兼漱口，便溺回，辄净手。
冠必正，纽必结，袜与履，俱紧切。
置冠服，有定位，勿乱顿㉘，致污秽。
衣贵洁，不贵华，上循分，下称家㉙。

对饮食，勿拣择，食适可，勿过则。

年方少，勿饮酒，饮酒醉，最为丑。

步从容，立端正，揖深圆，拜恭敬。

勿践阈，勿跛倚^㉚，勿箕踞，勿摇髀^㉛。

缓揭帘，勿有声。宽转弯，勿触棱。

执虚器，如执盈^㉜。入虚室，如有人。

事勿忙，忙多错，勿畏难，勿轻略^㉝。

斗闹场，绝勿近，邪僻事^㉞，绝勿问。

将入门，问谁存，将上堂，声必扬。

人问谁，对以名，吾与我，不分明。

用人物，须明求，倘不问，即为偷。

借人物，及时还，人借物，有勿悭。

凡出言，信为先，诈与妄^㉟，奚可焉。

说话多，不如少，惟其是，勿佞巧。

刻薄语，秽污词，市井气^㊱，切戒之。

见未真，勿轻言，知未的^㊲，勿轻传。

事非宜，勿轻诺，苟轻诺，进退错。

凡道字，重且舒，勿急遽，勿模糊。

彼说长，此说短，不关己，莫闲管。

见人善，即思齐，纵去远，以渐跻。

见人恶，即内省，有则改，无加警。

惟德学，惟才艺，不如人，当自励。

若衣服，若饮食，不如人，勿生戚。

闻过怒，闻誉乐，损友来，益友却^㊳。

闻誉恐，闻过欣，直谅士^㊴，渐相亲。

无心非，名为错，有心非，名为恶。

过能改，归于无，倘掩饰，增一辜^㊵。

【白话】

要早起晚睡多干事，人易衰老，要爱惜现在的时光。

　　早晨起来先要洗脸漱口。大小便以后要洗手。帽子要戴正，纽扣要系好，袜子和鞋要穿好系紧。帽子、衣服要放在固定的位置，不要乱放，以免弄脏。

　　穿衣服贵在干净，不在于华丽。当官的穿衣服要遵循自己的名分，老百姓穿衣服要和家庭条件相称。

　　饮食不要过于挑剔，吃东西要适可而止，不要过量。年纪轻轻，不要喝酒，喝醉了酒最丢丑。

　　走路要从容不迫，站立要端端正正。作揖打拱要浑圆，跪拜要恭恭敬敬。不要踩门槛，不要斜着身子靠着门或墙。蹲或坐时，不要把两腿叉开，不要摇晃大腿。揭门帘要轻缓，不要弄出声音。转弯要缓要宽，不要碰到棱角上。手拿空的器具，要像拿着盛满东西的器具一样。进空房子要像走进有人的房间一样，步履要轻。做事情要不慌不忙，一忙乱就容易出差错。不要害怕困难，也不要草率从事。

　　打架斗闹的场所，绝不能去。不正当的事，绝不要去打听。将要进门时，要问问谁在屋里，上堂屋时，要大声和主人打招呼。人问你是谁，要告诉他姓名，不要回答"吾"或"我"，这样人家就分不清你到底是谁。借用别人的东西要当面请求，如果不问就拿，那就算偷。借人的东西，用完了要及时归还；别人借我的东西，有的话就借给人家，不要小气悭吝。

　　说出的话，首先要讲信用，欺骗和乱说，怎么可以呢？说话多不如说话少，只求说得对，不要花言巧语。刻薄挖苦，下流肮脏的话，市侩之气，一定要戒除。

　　所见之事不真实，就不要随便宣扬；知道的事不确切，就不要随便乱传。不合适的事，就不要轻易答应别人，如果轻易答应，无论办成与否都是错误的。

　　说话、吐字声音要洪亮，语音要舒缓，不要急促，不要含糊不清。别人说长道短，与自己无关的，就不要去管闲事。

　　看见别人品行好，就要向他学习看齐，即使和他相差很远，也可逐渐跟上。见到别人品行恶劣，就要自我反省一下，有就改正，没有就予以警惕。如果道德、学问、才能、本领不如别人，就应当自己勉励自己，迎头赶上。如果衣服、饮食不如人家，就不必忧愁，不必羡慕他人。

听到说你的过错就生气，听到赞扬自己就高兴，那么坏朋友就会接近你，好朋友就会疏远你。如果听到赞扬心理就不安，听到说自己的过错就高兴，那么正直的朋友就会逐渐亲近你。不是有意做坏事就叫错，如果是有意做坏事那就叫恶。有了过错能改正，原先的过错可全部抵消，如果遮遮掩掩，那就是错上加错。

四、泛爱众而亲仁

凡是人，皆须爱，天同覆，地同载㊶。
行高者，名自高，人所重，非貌高。
才大者，望自大，人所服，非言大。
己有能，勿自私；人有能，勿轻訾㊷。
勿谄富，勿骄贫㊸。勿厌故，勿喜新。
人不闲，勿事搅，人不安，勿话扰。
人有短，切莫揭，人有私，切莫说。
道人善，即是善，人知之，愈思勉。
扬人恶，即是恶，疾之甚，祸且作。
善相劝，德皆建，过不规，道两亏。
凡取与，贵分晓，与宜多，取宜少。
将加人，先问己，己不欲，即速已㊹。
恩欲报，怨欲忘，报怨短，报恩长。
待婢仆，身贵端，虽贵端，慈而宽。
势服人，心不然，理服人，方无言。
同是人，类不齐，流俗众，仁者稀㊺，
果仁者，人多畏，言不讳，色不媚㊻。

能亲仁，无限好，德日进，过日少。

不亲仁，无限害，小人进，百事坏。

【白话】

凡是人都要相爱，因为同生在一个天下，同被一个地球所负载。

品行高尚的人，他的名声自然就高，人们所以尊重他，并不是因为他相貌好。才能高的人，他的威望自然就高，人们所以佩服他，并不是因为他会说大话。

自己有才能，不要保留，要传授给他人；别人有才能，不要嫉妒人家，也不要说人家的坏话。

不要谄媚富贵之人，不要瞧不起贫穷之人，更不要厌旧喜新。

人家没有空闲，就不要去打搅；人家内心不安，就不要用话去打扰。人有过错，就不要去揭露；人有隐私，就不要去张扬。

赞扬别人，本身就很好，别人知道了，会更加勉励自己。张扬别人的坏处，本身就不好，张扬得太过分，就会招致灾祸。

相互善意规劝，彼此就都积了德；有了过错而不规劝，双方在道德上就都欠缺了。

拿人家的东西和给人家的东西要分清，给人家的东西要多，拿人家东西要少。将要给予别人的，先问问自己是否需要，如果自己都不需要，就应该立即停止给予。有恩要思报，有怨最好忘记。报怨宜短，报恩宜长久。

对待婢女仆人，要保持态度端庄，尽管端庄，还要仁慈而宽厚。用威势来服人，不能使人心服；用道理来服人，才能使人无话可说。

同样都是人，但人与人之间有所不同。凡胎俗子多，有仁德者少。真是仁者，人们都会敬畏他，因为他说话直言不讳，从不去谄媚权贵之人。亲近有仁德的人，会有无尽好处，道德日益提高，过错日益减少。不亲近仁者，会害处无限，小人会乘机而来，凡事将败坏无余。

五、行有余力则以学文

不力行^⑪，但学文，长浮华^⑱，成何人？

但力行，不学文，任己见，昧理真^⑲。

读书法，有三到，心眼口，信皆要。

方读此，勿慕彼，此未终，彼勿起^⑳。

宽为限，紧用功，工夫到，滞塞通。

心有疑，随札记^㉑，就人问，求确义。

房屋清，墙壁净，几案洁，笔砚正。

墨磨偏，心不端，字不敬，心先病。

列典籍，有定处，读看毕，还原处。

虽有急，卷束齐，有缺损，就补之。

非圣书，屏勿视，蔽聪明，坏心志^㉒。

勿自暴，勿自弃，圣与贤，可驯致^㉓。

【白话】

只知埋头学习儒家经典，不知在实践中去身体力行，这样只会滋长浮华，成为夸夸其谈之人。只知在实际生活中埋头苦干，而不去学习儒家经典著作，单凭自己的见解去做，就不会明白儒家的礼义道德。

读书的方法要有三到：心到、眼到和口到，而且要保持信心，始终如一。

刚开始读这本书，就不要去想别的书。一本书未读完，也不要去读另一本。学习期限可以放宽一些，但要抓紧时间用功读书，只要功夫用到，不懂的地方自然就可明白。看书时有不明白的地方，要随时记札记，并随时向人请教，以求弄懂其本意。

读书学习的屋子要清静，墙壁要干净，书桌要清洁，笔和砚要摆正。墨磨偏了，说明心不正；字写得不端正，说明思想上有问题。各种经典著作，都有固定的摆放地方，阅读毕了，要放回原处。即使有急事，也要把书籍卷放好，有缺损的地方，要马上补好。

　　不是圣贤经典之书，就不要去阅读，以免闭塞了你的聪明，坏了你的思想。不要自暴自弃，只要努力学习，刻苦钻研，那么圣贤的目标是可以逐渐达到的。

【注释】

①弟子规：关于青少年、学生的道德行为规范。弟子：指青少年学生、徒弟。规：指规则、规范。

②圣人：指孔子。训，训导、教诲。

③孝弟：即孝悌，指孝顺父母，敬爱兄长。

④谨信：谨慎小心，诚实可信。

⑤亲仁：亲近有仁德的人。

⑥学文：学习文化典籍。

⑦温：温暖被褥。指为父母暖被褥。

⑧凊：凉。指为父母扇凉，驱蚊。

⑨省：看望，探问。

⑩定：安定，指安顿好。

⑪居有常，业毋变：指居住的地方要相对固定，职业不要随意改变。

⑫子道亏：违背了做儿女的准则。

⑬力为具：尽力去实现。

⑭恶：讨厌，不喜欢。谨：郑重。去：舍弃、去掉，避开。

⑮贻亲忧：带给父母忧伤。

⑯谏使更：直言相劝，使其改变。

⑰怡吾色，柔吾声：颜面和气，话语柔和。

⑱说：即悦。

⑲居处辨：指守丧期间要选择适当的住处。按《仪礼》规定，三年守丧期间，要住庐棚，铺干草，枕土块。夫妇分床而居。

⑳兄道友，弟道恭：为兄之道在友爱，为弟之道在恭敬。

㉑忿自泯：怨恨自然就会消逝。

㉒ 勿见能：指不要在长者面前卖弄才华。

㉓ 疾趋揖：迅速迎上去作揖，行礼。

㉔ 过犹待，百步余：长者从面前经过，要等其走出百余步以后，晚辈才可行动。

㉕ 进必趋，退必迟：拜见长辈要快步上前，退回时行动要慢。

㉖ 视勿移：目光稳定，不要东张西望。

㉗ 事：侍奉、对待。诸父：指父辈的人。诸兄：指平辈的兄长们。

㉘ 勿乱顿：不要胡乱放置。

㉙ 上循分，下称家：穿戴要遵守等级名分，要与自己的家庭条件相符合。

㉚ 勿践阈，勿跛倚：不要踩门槛，不要斜着身子靠在门窗上。

㉛ 勿箕踞，勿摇髀：箕，簸箕，指八字形，踞，蹲或坐。髀，大腿。意为蹲或坐时，不要把两腿叉开，不要摇晃大腿。

㉜ 执虚器，如执盈：手拿空器具，如同拿着装满东西的器具一样，要小心谨慎。

㉝ 勿轻略：不要粗心大意。

㉞ 邪僻事：不正当的古怪之事。

㉟ 诈与妄：欺骗和乱说。

㊱ 市井气：市侩习气。

㊲ 知未的：知道的不确切。

㊳ 损友：坏朋友。益友却：好朋友就会离开。

㊴ 直谅士：正直诚实的人。

㊵ 增一辜：错上加错。辜：过错。

㊶ 天同覆，地同载：覆，覆盖。载，负载。意思是同生在天地之间。

㊷ 轻訾：轻易说别人的坏话。

㊸ 谄富：谄媚富贵之人。骄贫：在穷人面前自傲自大，不可一世。

㊹ 己不欲，即速已：自己都不想要，就应立即停止。《论语·颜渊》："己所不欲，勿施于人。"

㊺ 流俗众，仁者稀：普通人多，圣贤之人少。

㊻ 言不讳，色不媚：说话直言不讳，绝不去谄媚逢迎他人。

㊼ 力行：努力去做。

㊽浮华：表面华丽而不实际。

㊾任己见，昧理真：凭自己的见解去做，到头就会不明白儒家的道理。

㊿此未终，彼勿起：这一本还未读完，就不要去读另一本。

(51)札记：笔记。指随时做笔记。

(52)蔽：蒙蔽，埋没。心志：思想。

(53)驯：驯化，这里指培养。致：达到。可驯致，就是说经过培养，可以逐步达到。

◇ 小 儿 语 ◇

【题解】

《小儿语》是明代吕得胜、吕坤父子编选的。该书收取流行的格言、谚语，编写成整齐而有韵律的警句，分四言、六言和杂言，文章通俗易懂，朗朗上口，最适合儿童诵读。其主要内容是进行传统伦理道德教育，如"一切言动，都要安详，十差九错，只为慌张"；"自家过失，不消遮掩，遮掩不得，又添一短"；"世间生艺，要会一件，有时贫穷，救你患难"；"一争两丑，一让两有"等等。这些名言警句，亲切自然，哲理性强，富有积极意义。但《小儿语》毕竟是封建时代的产物，打有那个时代深深的烙印，如"当面证人，惹祸最大，是与不是，尽他说罢"；"事不干己，分毫休理"等，如今看来是落后的，不可取的，希望读者在阅读时鉴别对待。

【原文】

一切言动，都要安详①。十差九错，只为慌张。

沉静立身，从容说话，不要轻薄②，惹人笑骂。

先学耐烦，快休使气，性躁心粗，一生不济③。

能有几句，见人胡讲，洪钟无声，满瓶不响。

自家过失，不消遮掩，遮掩不得，又添一短。

无心之失，说开罢手，一差半错，哪个没有？

宁好认错，休要说谎，教人识破，谁肯作养。

要成好人，须寻好友，引酵若酸，哪得甜酒？

与人说话，看人面色，意不相投，不须强说。

当面说人，话休峻厉④，谁是你儿，受你闲气。

当面证人，惹祸最大，是与不是，尽他说罢。

造言生事，谁不怕你，也要提防，王法天理。

我打人还，自打几下，我骂人还，换口自骂。

既做生人，便有生理，个个安闲，谁养活你？

世间生艺，要会一件，有时贫穷，救你患难。

饱食足衣，乱说闲耍，终日昏昏，不如牛马。

担头车尾，穷汉营生，日求升合⑤，休与相争。

强取巧图⑥，只嫌不够，横来之物，要你承受。

事不干己，分毫休理，一争两丑，一让两有。

万爱千恩百苦，疼我孰如父母，都教惹怒生嗔⑦，只是我不成人。

儿小任情骄惯，大来负了亲心；费尽千辛万苦，分明养个仇人。

自打一下偏疼，人说一句偏怒，口衔一个娇儿，断送坏了干看。

老子终日浮水，儿子做了溺鬼；老子偷瓜盗果，儿子杀人放火。

为人若肯学好，羞甚担柴卖草；为人若不学好，夸甚尚书阁老⑧。

人生丧家亡身，言语占了八分。任你心术奸险，哄瞒不过天眼。

使他不辩不难，要他心上无言。人言未必皆真，听言只听三分。

自家认了不是，人再不好说你，自家倒在地下，人再不好踢你。

慌忙倒不得济，安详走在头地。话多不如话少，话少不如话好。

小辱不肯放下，惹起大辱倒罢。走路休走岔了，说话休说发了。

乞儿口干力尽，终口不得一钱；败子羹肉满桌，吃着只恨不甜。

世间第一好事，莫如救难怜贫；人若不遭天祸，舍施能费几文。

蜂蛾也害饥寒，蝼蚁都知疼痛⑨；谁不怕死求活，休要杀生害命。

气恼他家富贵，畅快人有灾殃；一些不由自己，可惜坏了心肠。

天来大功禁不得一句自称，海那深罪禁不得双膝下跪。

你看人家妇女眼里偏好，人家看你妇女你心偏恼。

【白话】

一切言语举止，都要稳稳重重，从容不迫。

绝大部分差错，都是由于慌里慌张造成的。

站立要沉稳平静，说话要从容不迫。

言行举止不要轻佻，免得惹人笑骂。

首先要学会不怕麻烦，不要任性。性格急躁、粗心大意，一辈子都不会有好日子过。

说话要注意分寸，不要见人就胡吹乱说。真正有才学有涵养的人是不会这样做的。

自己的缺点错误，不要遮遮掩掩，遮掩不住，等于又增添了一个错误。

不是故意犯错误，把情况讲明就行了，人非圣贤，谁不犯一点错误呢？

应该老实地承认错误，不要撒谎，撒谎一旦被人识破，谁还肯帮助教育你呢？

要成为一个好的有用之人，就要交一些好的朋友。酿酒的酵子如果太酸，怎么能酿出香甜的美酒呢？

和人讲话的时候，要察言观色，假若话不投机，就不要硬说。

当面批评别人时，要注意言语分寸，不可过于严厉。因为别人不是你的孩子，怎么能愿意轻易受你的气呢？

当着别人的面为某事作证，会招惹很大的麻烦，最易得罪人。对与不对，只要与己无关，就闭口不言，随他去说吧。

造谣生事，也许谁都会害怕你，但要小心这样做的后果，国法和天理对此是不能容忍的。

打人和骂人，会受到别人的反驳和还手，这样就等于自己打自己、自己骂自己一样。

既然是个大活人，就应该有谋生的事业。只顾自己安闲自在，将来靠谁来养活你？

生存的技能，至少要学会一种，当你贫困的时候，它就会帮你解忧渡难。

吃饱喝足穿暖了，就到处闲聊玩耍，终日浑浑噩噩，稀里糊涂地混日子，这样还不如牛马。

挑担拉车子一类的话，那是穷汉们的职业，每日求得少许的收入，钱财来之不易，因此不要与他们争利。

凭借势力强取巧夺别人的钱财，而且不厌其多，将会招致意想不到的灾祸。

事不关己，就不要去理会。和人发生争执，与双方都不好，如果谦让一下，对双方都会有好处。

为我受尽辛苦，最疼爱我，最有恩于我的莫过于我的父母，如果惹他们生气那就太不像话了，简直不是人。

孩子小时放纵、娇惯他，长大以后辜负了父母的心愿。费尽了千辛万苦，反而养了一个不孝子孙。孩子做错了事，自己舍不得打，别人说了反而怨气，恨不得把孩子含在口里，最后断送了孩子的前程，那时后悔着急也没有用了。

上梁不正下梁歪，父母对孩子的影响是很大的，父母的一切不好的行为，将导致孩子干出更加恶劣的事来。

如果为人正派，行为端正，即使担柴卖草也不丢人；如果为人不地道，行为不正，即使做了尚书令，议事大臣那样的高官，也不足称道。

一个人出现家破人亡之事，说话不注意是主要原因。任何心术不正，阴险奸诈之人背地里所干的一切瞒得了人，却瞒不了天。

让人不争辩并不难，关键在于要使对方心服。

别人说的话未必都是真的，只要相信三分就可以了。

如果自己承认了错误，别人就不好再责备你了；自己倒在地上，对方也不好再打你了。

慌慌忙忙是无济于事的，稳重自若反而会出人头地。说话多不如说话少，说话少不如说别人爱听的话。如果容忍不下小的屈辱，就会招致大的屈辱。走路时要注意不要走差了，说话要中恳，实事求是，切忌大吹大擂，信口开河。

讨饭的孩子四处讨要口干力竭，最后还得不到一文钱；败家子在满桌美味佳肴面前，还嫌饭菜不香不甜。

世上最好的事，莫过于救难扶贫。人要是不遭受重大天灾的话，施舍也花不了几文钱。

昆虫也害怕挨饥受冻，蝼蛄和蚂蚁都知道疼痛，人怎能不怕死呢？因此绝不能去干那种杀生害命的事。

别人富了自己心里不舒服，别人遭难自己心里高兴。这种兴灾嫉富之人，是一种心胸狭隘之人。

天大的功劳自己一夸，就会使人反感，海一样深的罪过只要勇于认罪求饶，就可得到宽恕。

偷看他人妻女自己感到很高兴，他人偷看自己妻女会十分生气。因此在生活上一定要检点，洁身自好。

【注释】

① 安详：从容不迫；稳重。

② 轻薄：言语举动带有轻佻和玩弄意味。

③ 济：（对事情）有益；成。

④ 峻厉：严厉。

⑤ 升合：比喻数量很小。

⑥ 强取巧图：依仗权势强行抢夺别人的财物。图：图谋，图取。

⑦ 惹怒生嗔：指惹父母生气。

⑧ 尚书：古代官名。明清两代是政府各部的最高长官。阁老：唐代以中书舍人的年资长久者为阁老。明代亦称大学士及翰林学士入阁办事者为阁老，不限于内阁阁臣。此指在朝廷里长期任职的政府高官。

⑨ 蝼蚁：蝼蛄和蚂蚁。

◇ 神 童 诗 ◇

【题解】

《神童诗》是以诗歌形式对少年儿童进行思想品德、文化知识教育的蒙学读物。据明末学者朱国祯考证，《神童诗》的主要作者为宋朝人汪洙。汪洙，字德温，浙江鄞县（今宁波）人，元符进士，官至观文殿大学士。据说他九岁时便能赋诗，人称"神童"。后人将他幼年时的诗作铨补成集，题为《汪神童诗》，后在流传过程中遂称为《神童诗》。实际上，《神童诗》并非汪洙一人所作，也非全为他幼时作品，其中有些诗篇便为唐代诗人李白的诗，后人将其收集到一起，旨在使《神童诗》更全面，更完美。

《神童诗》共三十四首，全为五言绝句，按诗的内容分为劝学、状元、言忠、帝都、四喜、早春、春游、暮春、寒食、清明、纳凉、秋夜、中秋、秋凉、七夕、登山、对菊、冬初、季节、除夜等十九类，另外尚有卷首诗 28 首，每首诗格律严谨，对仗工整，音韵和谐，清新纯真，诗味浓郁，读起来琅琅上口，情趣盎然，最适合儿童背诵。如"劝学"第二篇："少小须勤学，文章可立身。满朝朱紫贵，尽是读书人。"第六篇："学乃身之宝，儒为席上珍。君看为宰相，必用读书人。"等等，对于从小培养儿童发奋读书，习作诗文具有积极的意义。自然，《神童诗》中也有一些落后的、不合明宜的诗篇，如"劝学"第一篇："万般皆下品，唯有读书高。"便带有明显的重视读书做官、轻视劳动人民的观点，对此应持批判的态度。

劝 学

【原文】

天子重英豪，文章教尔曹①。万般皆下品，唯有读书高。

【白话】

皇帝重视知识才干超群的人，所以用圣贤的书来教育你们。世上各行业全是低下的职业，只有读书做官才是最高贵的。

劝 学

【原文】

少小须勤学，文章可立身。满朝朱紫贵②，尽是读书人。

【白话】

从小就应立志勤学习，熟读圣贤文章可以建功立业。你看看朝廷中穿着红色和紫色官服的达官贵人，全都是勤苦的读书人。

劝 学

【原文】

学问勤中得，萤窗万卷书③。三冬今足用④，谁笑腹中空。

【白话】

知识学问要在勤奋学习中获得，用借窗前萤火虫的光亮苦学的精神来勤奋学习。只要真正勤学苦读三年，就能获得足够的知识，那样还有谁会嘲笑你腹中空虚没有学问呢？

劝 学

【原文】

自小多才学，平生志气高。别人怀宝剑，我有笔如刀。

【白话】

从小就聪明颖悟而博学多才，早早就立下了远大而崇高的志向。别人身佩宝剑投军效力，依靠武功取得官职；我却以锋利如刀的文笔建功立业。

劝 学

【原文】

朝为田舍郎，暮登天子堂。将相本无种，男儿当自强。

【白话】

早晨还是田野中农人家的子弟，傍晚就登上了皇帝处理国家大事的殿堂。将军和宰相本来就不是天生有种，所以男子汉就应当自强发奋读书，立志干一番大事。

劝 学

【原文】

学乃身之宝，儒为席上珍。君看为宰相，必用读书人。

【白话】

学问是立身处世的宝贝，儒生是社会上受尊重的人。请你看看皇帝任用的宰相，肯定是勤奋刻苦的读书人。

劝　学

【原文】

莫道儒冠误，诗书不负人。达而相天下，穷则善其身。

【白话】

不要发牢骚说当了儒生耽误前程，熟读诗书决不会辜负人。一旦得到机遇做了官，就可以辅佐朝廷；既使运气不好当不了官，也可以修身养性做一个有道德的人。

劝　学

【原文】

遗子黄金宝，何如教一经。姓名书锦轴，朱紫佐朝廷。

【白话】

给儿孙遗留下金银财宝，万贯家产，不如教育他们熟读圣贤的经书。这样姓名就能写入朝廷的诏书，从而穿上朝服做高官来辅佐皇帝治理天下。

劝　学

【原文】

古有千文义，须知后学通。圣贤俱间出，以此发蒙童。

【白话】

古代人编写的千字文，包含着深广的道理精义，要知道它，后人只有勤学才能精通。圣智和贤能都是这里开始产生的，所以要用它来启发教育初开始读书的儿童。

劝　学

【原文】

神童衫子短，袖大惹春风。未去朝天子，先来谒相公。

【白话】

聪明的儿童衣衫虽然很短，但袖筒宽大能逗引来春风。要朝见皇帝还没有去，先前来拜望你这当朝宰相。

劝　学

【原文】

大比因时举⑤，乡书以类升。名题仙桂籍，天府快先登。

【白话】

三年一次的乡试按期举行，考中了举人就会步步高升。姓名籍贯写进了宣布进士的金榜，很快就会登上皇帝的龙廷。

劝　学

【原文】

喜中青钱选⑥，才高压众英。萤窗新脱迹，雁塔早题名。

【白话】

像光泽的青铜钱万选皆中一样，考试中选万分高兴，因为学识渊博才能超群而压倒所有应考的人。刚刚离开借萤光苦读的寒窗，就立即考上进士在雁塔上题了名。

劝　学

【原文】

年少初登第，皇都得意回。禹门三级浪⑦，平地一声雷。

【白话】

年轻时就考中了进士，从京城春风得意地回到家乡。就像鲤鱼冲过激浪跃上龙门，又像平地里响起了一声惊雷。

劝　　学

【原文】

一举登科日，双亲未老时。锦衣归故里，端的是男儿。

【白话】

第一次应考就高中进士而天下闻名之日，父母双亲的年纪还不老。穿着华丽的锦缎官服回到故乡，这才是真正的好男儿。

状　　元

【原文】

玉殿传金榜，君恩与状头。英雄三百辈，随我步瀛洲。

【白话】

皇帝坐的宫殿里发出了考中进士的金榜，皇恩浩荡赐我为状元。三百名新考中的进士，跟随在我的后边走进人间的仙境。

言　　忠

【原文】

慷慨丈夫志，生当忠孝门。为官须作相，及第必争先。

【白话】

男子汉大丈夫应立下远大的志向，为人一生要建立起忠孝双全的门第。当官一定要当到做宰相，科举考试一定要争取考第一。

帝　都

【原文】

宫殿耸岩峣⑧，街衢竟物华⑨。风云今际会，千古帝王家。

【白话】

宫殿高大雄伟如山峰耸立，条条街道都是繁华无比。各地英杰贤士都汇集到这里，因为这里是世代帝王居住的地方。

四　喜

【原文】

久旱逢甘霖，他乡遇故知。洞房花烛夜，今榜挂名时。

【白话】

久旱以后下了一场好雨，在外地遇到了旧日故乡的知己。新婚之日洞房里花烛高照的夜晚，殿试后挂出的金榜上有自己的名子。

早　春

【原文】

土脉阳和动，韶华满眼新。一枝梅破腊，万象渐回春。

【白话】

春风和照，将大地从沉睡中吹醒；春光明媚，映照出一派新的生机。一枝腊梅花冲破严寒开放；春天回来了，万物呈现一片新的景象。

春 游

【原文】

柳色侵衣绿，桃花映酒红。长安游冶子，日日醉春风。

【白话】

柳枝的嫩绿把衣服染绿了，桃花的艳丽将美酒映红了。长安游春的少年郎，天天陶醉在这醉人的春风中。

暮 春

【原文】

淑景余三月，莺花已半稀。浴沂谁氏子，三叹咏而归⑩。

【白话】

美妙的春光只剩下最后一个月了，春花已凋谢得稀稀落落。谁家的少年在沂水边洗澡，一路唱着歌儿回去了。

寒 食⑪

【原文】

数点雨余雨，一番寒食寒。杜鹃花发处，血泪染成丹。

【白话】

一场雨后又落下了几点雨，寒食节的时候还透出寒意。在丛丛杜鹃花怒放的地方，那里的红色是由血泪染成的。

清 明

【原文】

春到清明好，晴添锦绣文。年年当此节，底事雨纷纷。

【白话】

春天到清明节是最好的时光，晴天会使锦绣的大地更显得艳丽多彩。然而每年的这个时节，为什么总是细雨纷纷呢？

纳　凉

【原文】

风阁黄昏雨，开轩纳晚凉。月华当户白，何处递荷香。

【白话】

黄昏时阁楼外又下过了一阵雨，打开窗户纳风乘凉。洁白的月光从门窗照进来，不知那儿飘来荷花的清香。

秋　夜

【原文】

漏尽金风冷，堂虚玉露清。穷经谁氏子，独坐对寒檠。

【白话】

深夜里秋风送来凉爽，庭院中露水晶莹闪光。谁家的少年还在苦读经书，这么晚独坐在灯下伴着寒窗。

中　秋

【原文】

秋景今宵半，天高月倍明。南楼谁宴赏，丝竹奏清音。

【白话】

秋天的景色到今晚过去了一半，天空显得高远，月光显得更明亮。谁家在南楼开宴赏月，乐器奏出曲曲清亮悠扬的声音。

秋 凉

【原文】

一雨初收霁，金风特送凉。书窗应自爽，灯火夜偏长。

【白话】

一场雨下过后天空刚晴朗，一阵阵秋风给人送来了凉快。书房窗前也更加清爽，灯火下读书的夜晚更长。

七 夕

【原文】

庭下陈瓜果，云端望彩车。争如郝隆子，只晒腹中书⑫。

【白话】

七夕的夜晚在庭院里摆上瓜果，遥望云端里牛郎织女相会的彩车。这怎比得那勤学的郝隆子，卧在堂前默诵肚里装的书籍。

登 山

【原文】

九月龙山饮，黄花笑逐臣。醉看风落帽，舞爱月留人。

【白话】

九九重阳节时登上龙山饮酒，菊花嘲笑我是被逐之臣。喝醉了酒看着山风吹落了帽子，对月起舞而舍不得离去。

对 菊

【原文】

昨日登高罢，今朝再举觞⑬。菊花何太苦，遭此两重阳。

【白话】

昨天重阳刚登过龙山，今天又在这举起酒杯。菊花的命运为什么这样苦，竟连遇到两次重阳。

冬　初

【原文】

帘外三竿日，新添一线长。登台观气象，云物望中祥。

【白话】

窗帘外的太阳已升到三竿高，冬至后白天每天增添一线长。登上高台观看天空的气象，望见云彩万物呈现出吉祥的征兆。

季　冬

【原文】

时值嘉平候⑭，年华又欲催。江南先得暖，梅蕊已先开。

【白话】

岁月已到腊月时节，年岁又在催促人变老。江南比北方先暖和起来，报春的梅花早已开放。

除　夜

【原文】

冬去更筹尽，春随斗柄回。寒暄一夜隔，客鬓两年催。

【白话】

一年的最后一个冬夜就要过去，春光随着北斗星的旋转又回来了。在闲聊中虽然只隔了一夜，鬓发又被两年岁月的更替催白了许多。

长 春

【原文】

长占四时春，花红日日新。摘来同寿酒，堂上献双亲。

【白话】

一年四季绿叶长春，花朵红艳一天比一天新。摘来这两样伴随着祝寿的美酒，献给高堂上的父亲和母亲。

桃 花

【原文】

人在艳阳中，桃花映面红。年年二三月，底事笑春风。

【白话】

姑娘们在骄艳的阳光下走进桃园，朝霞般的桃花把她们的脸都映红了。年年一到农历的二三月间，不知为何总在春风中微笑。

梅 花

【原文】

墙角数枝梅，凌寒独自开。遥知不是雪，为有暗香来。

【白话】

在庭院墙角有几株腊梅，她们冒着严寒独自悄悄地开了。在远处就知道不是积雪，因为暗暗有一种幽香传来。

牡 丹

【原文】

倾国姿容别，多开富贵家。临轩一赏后，轻薄万千花。

【白话】

倾城倾国的艳丽容貌很特别，大多数是开放在富贵人家里。在花亭边欣赏了牡丹花后，就觉得其他的花都不怎样美了。

荷　花

【原文】

一种灵苗异，天然休自虚。叶如斜界纸，心似倒抽书。

【白话】

有一种灵秀的绿苗奇异独特，天然生长在水中。叶子就像斜纹的帛纸，中心一圈圈斜转着往上长。

兰　花

【原文】

一种生深谷，清标压众芳。不须纫作佩，入室自幽香。

【白话】

有一种花生长在深谷中，她的清白高尚压倒了其他的花。不需要用香料缝或香袋佩在身上，只要移一株到室内，就会满屋都充满淡雅的清香。

梨　花

【原文】

院落沉沉静，花开白云香。一枝轻带雨，泪湿贵妃妆。

【白话】

院子里静悄悄的，一树树花开就像一团团白云一样散出清香。一枝梨花还带着晶莹的雨珠，就像泪珠滴湿了贵妃的红妆。

丹 桂

【原文】

自是月中种，人间无此香。郊林今寂寞，多负绿衣郎。

【白话】

本来是月宫中的仙种，人世间没有这种芬芳的花香。稀疏的树林没它就显得平淡无味，辜负了多少来观赏的少年儿郎。

荷 钱

【原文】

买有清和景，团团贴水心。贪夫虽着眼，不解济贫人。

【白话】

买来清静和平的景象，一团一团地平贴在水面上。招得贪婪的人不断地看着它们，却不懂得去接济扶助穷人。

萱 草

【原文】

散作堂前彩，花浓茎正修。宜男曾入咏⑮，底事不忘忧⑯。

【白话】

散漫生长给堂前增添了不少色彩，花香浓厚而叶茎修长。"宜男"一词曾进入诗歌和祝词，又为了什么事而不"忘忧"？

葵 花

【原文】

向日层层折，深红间浅红。无心驻车马，开落任薰风。

【白话】

跟着太阳转头弯折脖子，不管是有红霞的早晚还是烈日当空的中午。从来没有停住车马休息的心思，花开花落任凭初夏的东南风。

杏　花

【原文】

枝缀霜葩白，无言笑好风。清芳谁是侣，色开小桃红。

【白话】

枝头缀满了粉白色的奇葩，静悄悄地在春风中微笑。谁是这玉容芳姿的伴侣，只有那怒放的粉红色的桃花。

芳　草

【原文】

一岁一枯荣，春来满地生。萋萋南浦路[17]，凝望最关情。

【白话】

一年茂盛枯萎一回，春天到来时满山遍野地生发。送别的路上芳草长青，凝望着送别情景似乎也有关切的心情。

绿　竹

【原文】

居可无君子，交情耐岁寒，清风频动处，日日报平安。

【白话】

居住的处所怎可以没有绿竹，它的友谊能经历住冬天的严寒。随着阵阵清风的抚摸而频频摇动，似乎是不停地向主人传告平安的消息。

风

【原文】

解落三秋叶，能开二月花。过江千尺浪，入竹万竿斜。

【白话】

它懂得拂落深秋的黄叶，它能催开二月的春花。过江能掀起千尺巨浪，进入竹林能引得万竿青竹倾斜。

潮

【原文】

涨落几时休，从春复到秋，烟波千万里，名利两悠悠。

【白话】

潮汐的涨落什么时候才能停止，从鸟语花香的春天到风扫黄叶的秋天，行遍了烟波茫茫的万里海疆，名誉和金钱都和它毫不相关。

榴　花

【原文】

炎日榴如火，繁英簇绛绡。佳人斜插处，疑把绿鬓烧。

【白话】

五月石榴花像一团团火，一簇簇的繁花像深红的绸子。年轻漂亮的姑娘把它斜插在头上，远看还以为是火在乌黑的头发上燃烧。

云

【原文】

出岫本无心，油然散晓阴。从龙今有便，愿作傅岩霖⑱。

【白话】

从深山中出来并不是有意的，却自然地驱散了黎明前的阴霾。跟随真龙现在有了便利条件，情愿化为传说版筑之野的甘霖。

雷

【原文】

括括风云起，晴空陡作阴。一声天欲裂，胆破不平心。

【白话】

哗啦啦大风漫卷乌云翻滚，晴朗的天空突然变得阴暗。霹雳一声惊得天宇都要裂开，吓破了邪恶歹人的肝胆。

雪

【原文】

尽道丰年瑞，丰年瑞若何？长安有贫者，为瑞不宜多。

【白话】

都说它是丰收年的祥瑞征兆，丰收年的祥瑞又能怎样？长安城里的穷人缺少衣服和食物，所以这样的祥瑞应该有，但是却不应该多。

言　志

【原文】

小儿何所爱，爱者芝兰室。更欲附飞龙，上天看红日。

【白话】

小小孩子爱什么？喜爱这灵芝兰花溢香的书房。更想攀附上飞腾的神龙，飞上天去看看红日。

安 分

【原文】

寿夭莫非命，穷通各有时。迷途空役役，安分是便宜。

【白话】

长寿短命无非都是命运，穷困通达都有一定的时机。用不着在迷茫的人生路上空忙碌，只有安分守己等待机运才合适。

待 时

【原文】

韩侯曾寄食 [19]，宣尼亦厄陈 [20]。固穷千古事，君子岂常贫。

【白话】

韩信曾依靠别人施舍饭食，孔夫子也曾在陈国受困穷。但是纵观千年以来的全部历史，有学问有才能的人难道会一直贫困。

仁 义

【原文】

圣治先人意，施为日用新。渐摩今既熟，孰不荷陶钧。

【白话】

圣人用仁义的标准治理国家，这样做能使国家日新月异。圣贤经典的精义已揣摩熟悉，为什么不运用这些道理为社会做些事情呢？

月

【原文】

团圆离海峤，渐渐出云衢。此夜一轮满，清光何处无？

【白话】

一团圆圆的银辉从海面升起，慢慢冲破云雾挂到当空。今夜晚一轮圆月盈满无缺，那里没有它撒下的清光呢？

恢　复

【原文】

三箭天山定，中兴再颂歌。抚绥新境土，整顿旧山河。

【白话】

三箭平定了天山的叛乱，中兴的颂歌到处传扬。安抚治理新开拓的国土，整顿复兴旧有的山河。

华　山

【原文】

只有天在上，更无山与齐。举头红日近，回首白云低。

【白话】

只有高天在它的上面，再没有与它一样高的山。

仰观苍天似乎离红日很近，俯视大地，只见山腰的白云在低回流转。

道　院

【原文】

道院通仙客，书堂隐相儒，庭栽栖凤竹，池养化龙鱼。

【白话】

道院中藏着通晓神仙之路的客人，书堂中隐伏着做宰相的儒生。庭院里栽下了可以栖息凤凰的竹子，池中养着可以跃过龙门化为龙的鲤鱼。

【注释】

① 尔曹：你们，你等，有时带有贬意，如："尔曹身与名俱裂，不废江河万古流。"

② 朱紫：这里指红色和紫色的官服。

③ 萤窗：晋朝车胤家贫，用布袋装萤火虫照亮读书。后人常引为刻苦读书的典型。

④ 三冬今足用：《汉书·东方朔传》载朔上书自称："臣朔少失父母，长养兄嫂。年十三学书，三冬文史足用。十五学击剑……"这里三冬指三年。

⑤ 大比：指古时三年一次的科举考试。

⑥ 青钱选：青钱即古铜钱中光泽最好的青铜钱。唐人张鷟考中进士，众人说他的文辞就像万选皆中的青铜钱一样。这里喻指考试中选。

⑦ 禹门：又称为龙门，在山西河津县，相传那浪大流急，黄河中的鲤鱼如果能跳上龙门就能化成龙。后将科举考试比做"鲤鱼跳龙门。"

⑧ 岧峣：tiáo yáo 高峻巍峨。

⑨ 衢：qú。四通之路。

⑩ 浴沂谁氏子，三叹咏而归：出自《论语·先进篇》"浴乎沂，风乎舞雩，咏而归。"意为到沂水中洗澡，到祭坛下吹风，然后唱着歌回家。

⑪ 寒食：即清明的前一天，又叫寒食节。《左传》中载，晋文公重耳归国当国君后，将许多跟随他出逃的人封了官，唯独将不仅随他出逃，而且功劳很大的介子推忘了。介子推不像别人自表功劳求封，而是带着母亲隐居到绵山里。晋文公求之不得，放火烧山，想逼介子推出来。结果介子推宁可被烧死也没有下山。晋文公为纪念介子推，下令这一天禁火，故名寒食节。其地即今山西介休。

⑫ 晒腹中书：《世说新语·排调》："郝隆七月七日，出日中仰卧。人问其故，答曰：'我晒书。'"此郝隆自负满腹诗书之言。

⑬ 觞：shāng。古代的酒器。

⑭ 嘉平：即农历十二月。

⑮ 宜男：萱草的别名。古代传说孕妇佩萱草则生男孩，故称萱草为宜男。

⑯ 忘忧：萱草别名。《太平御览·本草经》：“萱一名忘忧，一名宜男，一名妓女。”

⑰ 南浦：泛指西南的水边，后来泛指送别的地方。

⑱ 傅岩：传说为殷相傅说曾版筑之处。

⑲ 韩侯曾寄食：《汉书》卷三十四：“韩信，淮阴人也。家贫无行，不得推择为吏，又不能治生为商贾，常从人寄食。”

⑳ 宣尼亦厄陈：宣尼，即孔子。孔子带学生周游列国时，曾在陈国被桓魋所围困。

◇ 女 儿 经 ◇

【题解】

《女儿经》作者不详，成书大约于明朝，经过不断增删，在民间广为流传。主要版本有明万历、天启年间赵南星加注刊印的《女儿经》，天津高氏版的《裘氏女儿经》，清同治年间贺瑞麟订正的《女儿经》、《改良女儿经》，清光绪三十四年屯溪聚文堂校印的《女儿经》等等。这里我们采用的是陕西三原人贺瑞麟订正的《女儿经》。

《女儿经》是一部宣扬封建礼教的女教书籍。它的总纲是"三从四德"，即所谓"未嫁从父，出嫁从夫，夫死从子"；"妇德、妇言、妇容、妇功"等。从内容上看，它宣扬"男尊女卑"，"从一而终"的封建节烈观，用封建礼教来束缚压迫妇女，这无疑是落后的，是不可取的。但是抛开封建礼教的前提来看，《女儿经》也有一些可供借鉴的地方，如"父母跟前要孝顺，姐妹伙里莫相争"；"油盐柴米当爱惜，针线棉花莫看轻"；"但有错处即认错，纵有能时莫夸能"；"早起莫到大天明，到晚莫要空点灯"等等，今天看来，仍有其积极意义。

《女儿经》以俗语为主，押韵对仗，因而甚为普及，一些老年妇女至今仍背得出其中的部分内容。但对于年轻人，特别是解放后出生的人来说，已经很陌生了。我们希望通过《女儿经》能使大家了解封建社会对广大妇女的要求，同时为研究妇女史的同志提供一点资料。

大　纲

【原文】

女儿经，女儿经，女儿经要女儿听。
第一件，习女德①；第二件，修女容②；
第三件，谨女言③；第四件，勤女工④。
我今仔细说与你，你要用心仔细听。

【白话】

（这里讲的是）关于做女人的经典，故要所有的女子都来听取，第一件，学习妇女所要遵守的道德规范；第二件，要注意自己的仪容；第三件，女子说话要谨慎小心；第四件，要会做和勤做女子该做的各种家务。现在我仔细讲给你们，希望你们仔细听取。

细　目

【原文】

习女德，要和平⑤，女人第一是安贞⑥。
父母跟前要孝顺，姐妹伙里莫相争。
父母教训切休强⑦，姐妹吃穿心要公。
东邻西舍休轻去，早晚行时须点灯。
油盐柴米当爱惜，针线棉花莫看轻。
莫与男人同席坐⑧，莫与外来女人行。
兄弟叔伯皆避忌，惟有娘亲步步从。
若有丫头听使唤，使唤亦须谅人情。
外奶舅妗或看望，看望亦须不久停。
坐立行走须庄重，时时常在家门中。
但有错处即认错，纵有能时莫夸能。
出嫁倘若遭不幸⑨，不配二夫烈女名⑩。

此是女儿第一件，听了才是大聪明。
我今仔细说与你，你要用心仔细听。
修女容，要正经，一身打扮甚非轻。
搽胭抹粉犹小事，持体端庄有重情。
莫要轻薄闲嘲笑，莫要恼怒好相争。
身歪脚斜伤体面，抛头露面坏声名。
光梳头发净洗脸，整洁自是好仪容。
衣服不必绫罗缎，梭棉衣服要干净⑪。
油水柴面容易染⑫，做时须要小心行。
箱柜桌炕勤打扫，自无半点尘土生。
有时出外看亲戚，先须腹内要安宁⑬，
衣枷衣服须搭整⑭，衣箱叠板莫乱拥。
此是女儿第二件，听了才是理性通。
谨女言，要从容，时常说话莫高声。
磨牙斗嘴非为好，口快舌尖不算能。
莫要半晌说闲话⑮，莫要无故冒搔风⑯。
父母使唤休强嘴⑰，姐妹言语要和平。
但遇面生莫开口，休要轻易冒答应。
家中纵有不平话，低声莫叫外人听。
好翻舌头多惹事，好说谎的落骂名。
有该说处休多说，不该说处且消停⑱。
姑姨妯娌当问候，也要沉重莫发轻⑲。
闲言碎语休细整⑳，七嘴八舌莫乱争。
正正经经说几句，止须说个理儿明。
此是女儿第三件，听了不是木蠹虫㉑。
我今仔细说与你，你要用心仔细听。
勤女工，要紧情，早起莫到大天明。
扫地梳头忙洗脸，便拈针线快用功。
纺织裁剪皆须会，馍面席桌都要经。
件件用心牢牢记，会做还须做得精。

不要闲立又闲坐，不要西去又往东。
临明莫要贪睡觉，到晚莫要空点灯。
殷勤女儿终须好，懒情女儿总无成。
百拙一件不会做㉒，临了落个败家名。
何不上紧细用心，要在女中做英雄。
虽好不快跟不上，虽快不好不为赢。
描花绣彩皆女事，不可一件有不通。
这是女儿第四件，听了便是大才能。
我今仔细说与你，你须用心仔细听。

【白话】

学习女德，最主要的是心平气和。做女人第一是安分守己，保持贞操。要孝顺父母，不要与姐妹们争斗。父母教训自己时千万不要犟嘴，姐妹们在吃穿上心要公平。东邻和西舍尽量少去，黎明或晚间行路时要打上灯笼。要爱惜油、盐、柴、米，不要看轻一针一线和用棉花做的土布衣服。不要与男子同席共坐，不要与不认识的女人同行。不要与兄弟叔伯们在一起，要时常跟随母亲左右。如果家有听使唤的丫鬟，使唤时也要体谅人情。若去看望姥姥、舅舅和舅母，看望时间也不要太久。坐、立、行、走要端庄稳重。无事要常在家中。如果犯了错误就及时认错，自己有才能不要自吹自夸。出嫁后倘若遭到不幸，丈夫死去，不要再改嫁，以免坏了自己烈女的名声。这是女子要知道的第一个内容，只有听懂明白了才是一个聪明人。我现在仔细讲给你们，希望你们仔细听取。

化妆打扮，要正正经经，因为打扮得好坏事关重大。搽胭抹粉是小事，体态端庄才是关键。举止言谈不要轻薄以免惹人嘲笑，也不要动不动恼怒与人争强斗胜。身歪脚斜有伤体面，到处抛头露面，好出风头会坏了自己的名声。头梳得光光亮亮、脸洗得干干净净，洁净整齐便是好仪容。穿衣服不一定要绫罗绸缎，用棉布做的衣服只要干干净净也很好。油水柴面之类的东西容易弄脏衣服，做饭时一定要小心行事。箱子、柜子、桌、炕要勤打扫，以免积上灰尘。出外看亲戚时，提前解手，尽量不使用人家的厕所。衣架和衣服要搭得整整齐齐，衣箱内不要放得乱七八糟。以上是女子要知道的第二件内容，听了便懂得了做女子的道理。

女子说话要谨慎从容，平时说话声音不可太高。与人磨牙斗嘴很不好，伶牙俐齿也不算能耐。闲话不可说得太长，不要无缘无故骚扰他人。父母让干什么不要犟嘴，姐妹们之间说话要心平气和。遇着生人不要乱说话，也不可轻易向对方答应什么。家庭因纠纷而说的气话，声调不要太高以免外人听见。经常搬弄是非的人将会惹来麻烦，经常说谎话的人终将落个骂名。该说的话不要说得太多，不该说的话就不要说。姑妈、姨妈、妗子、婶子等长辈人见了要问候，问候时要沉稳庄重不可随随便便开玩笑。不要去打听一些闲言碎语，也不要与众人搅在一起乱争一通。确实需要说话的时候，就正正经经说上几句，只要把道理讲明就行了。这是女子要知道的第三件内容，明白了便不是蛀木虫。我现在仔细说给你们，你们要认真听取。

勤做各类女子该做的活计，是很重要的。早晨要早起，不可睡到大天亮。起床后先要洗脸梳头打扫庭院，然后再去做一些针线活。纺织裁剪之类也要会，蒸馍擀面宴席炒菜之类也应掌握。以上都要牢记在心，不仅要会做，还须做得精。不要闲站着或闲坐着，更不要走西串东。天亮时不能贪图睡懒觉，晚上无事时要早早休息，不要空点着灯浪费灯油。勤快周到的女子最终会有好的结果，懒惰的女子总是一事无成。什么活都做不了，最终将落个败家子的坏名声。为什么不抓紧时间认真去学，做个女中豪杰呢？学得好但速度慢会跟不上，学得快但做得不好也不算赢。描花刺绣之类都是女子该做的事，一件不会都不应该。这是女子要知道的第四件内容，掌握了才算有才能。我现在仔细讲给你们，希望你们认真听取。

合 总

【原文】

信手编成女儿经，女德女容女言工。

当做曲儿要记熟，句句还要懂得清。

后来若到公婆家，仍是这般一样行。

自然到处都夸好，万古千秋有令名㉓。

君子莫嫌多俗语，文话女儿不会听。

且再从头仔细看，那件不在经史中。

小学内则并左传㉔，君子再去看分明。

只为女儿容易晓，且把俗语当正经。

【白话】

随手编成《女儿经》，内容包括女德、女容、女言和女工。希望女子们能把它当做曲儿背得滚瓜烂熟，并且还要弄懂每句话的意思。如果将来嫁到公婆家，仍然按照《女儿经》上的要求去行事，人人见了自然都会夸奖你。这样，你的美名就会流传千古。各位君子请不要嫌《女儿经》上的语言太俗，因为文气的话女儿们听不懂。(俗语虽多)，但让我们从头细看，《女儿经》上的哪一条内容不符合儒家的经典？各位君子再去看看《小学》、《内则》和《左传》，《女儿经》上的内容是否和他们所要求的道德规范相吻合？为了便于女子们通晓圣贤本意，这里且把儒家经典用俗语讲出。

广 义

【原文】

更有古今贤德女，我再说来你再听。

举案齐眉是孟光㉕，上书救父有缇萦㉖。

令女断鼻不忘夫㉗，少君汲水乡邦称㉘。

养舅卫姑娘子军㉙，画荻和丸夫人城㉚。
子贵纺麻文伯母㉛，十岁织机吾母行。
奉姑存殁皆尽孝㉜，难处更在姑失明㉝。
善行一一数不清，助夫成家子孙荣。
此是古今名节事，也要用心仔细听。
更有古今不贤女，我再说来你再听。
打公骂婆人人恨，搅家不良有丑名。
偷吃怕做常受气，抛撒柴面太无情。
收拾脚手不谨慎，串门搭户任意行。
多说丑话太村粗，好讦人短少涵容㉞。
闲要不管正经事，翻梁绞舍懂不清㉟。
黑了熬油明不起，一日活做七八更。
猪狗鸡鸭不照管，三家厮靠坏门风。
盆罐碟碗多毁坏，男儿骂是破败星㊱。
偏她还有多心病，不是嗔西就恼东㊲。
但动跳崖又落井，时常拿刀又弄绳。
究竟死了竟白了，枉把公婆男儿坑㊳。
何如夫妻同年老，子女儿孙闹轰轰。
热热闹闹过光景，一生受用尽无穷。
手搭心前自己想，哪个糊涂哪个明？
此是古今笑骂事，也要用心仔细听。
听了学好莫学瞎㊴，不枉听了女儿经。

【白话】

　　古今还有许多贤惠有道德的女子，我再讲出来给你们听。东汉穷书生梁鸿的妻子孟光每次在丈夫回家时，都能把热腾腾的饭菜举得和眉毛一样齐献给丈夫。汉文帝时一个叫缇萦的女子上书皇帝，情愿自己做宫婢来赎父亲的罪，文帝受其感动免了她父亲的罪。

　　三国时魏国曹文叔的妻子令女因丈夫早死，担心被逼改嫁，先后将耳朵和鼻子割掉，以示决心。西汉鲍宣之妻桓少君，初嫁鲍宣时，带了许多嫁妆。因丈夫不高兴，少君便把东西全部送还娘家，改换土布衣，拜见婆婆后便提上瓮去打水，受到乡邻们的称赞。

唐高祖李渊之女嫁给柴绍后，孝顺公婆。当丈夫随李渊在太原起兵时，她便尽散家财，并组织了7万人的军队在关中响应，时称娘子军。欧阳修4岁丧父，其母郑氏教他读书。因无钱买不起纸笔，便以荻为笔，以地为纸，教欧阳修学字。柳公绰妻韩氏以苦参、黄连、熊胆和成药丸，让其子含在口里，激励他发奋学习。前秦苻丕率兵攻打东晋梁州，梁州刺史朱序的母亲带领侍婢及城中妇女在城西北筑一斜城，加固防御，使梁州得以保全，被后世称赞。

春秋仲孙豰之母敬姜，在儿子当了鲁国大官后，仍能像她年轻时那样纺麻织布。侍奉公婆无论其生死都可尽到孝道，但最难莫过于在其失明时仍能一如既往。

古时有许多贤良的妇女，她们的美德、善行不胜枚举，她们帮助丈夫成家立业，使子孙后代得到荣光。这是古今值得称道的名节之事，也需要女子们仔细听取。

古今还有一些不贤之女，我再说出来你们再继续听。打骂公婆弄得人人都怨恨，把家里搅得不得安宁因而丑名远扬。好吃懒做常受他人责备，随便浪费柴面油盐丝毫没有人情。干活收拾东西不谨慎小心，随意走门串户毫无顾忌。说话粗俗的言语不文明，好揭人短缺少涵养。整天只知玩耍不干正事，到处惹是生非不得安宁。晚上不早早休息白白浪费灯油，天大亮了还不起床，一天的活儿要拖很长时间才能完成。不去照管家畜家禽，却到别家乱串，败坏自家的门风。做事不小心，盆罐碟碗等家具多被摔碎，丈夫骂其是败家星。偏偏她还有疑心病，不是怨西就恼东。并且动不动就要跳崖跳井，动不动就用刀自杀用绳自尽。自己死了一了百了，却坑害了公婆和自己的丈夫。怎知夫妻白头偕老，儿孙满堂，热热闹闹，安享晚年，其乐无穷。请你们手搭胸前想一想，哪种人糊涂哪种人明智？以上是古今一些让人耻笑和唾骂的人和事，你们也要认真听取。希望你们听了以后能够向好的看齐而不要向坏的学习，这样也不枉听了我的《女儿经》。

【注释】

① 女德：妇女所要遵守的道德规范。

② 女容：指妇女的仪态。

③ 谨女言：指女子讲话要谨慎小心。

④ 女工：指旧时妇女必须会做的纺织、缝纫、刺绣等家务。

⑤ 和平：心平气和。

⑥ 安贞：安分守己，保持妇女贞操。

⑦ 强：通犟。犟嘴。

⑧ 席：指筵席桌子。

⑨ 不幸：指丈夫不幸死去。

⑩ 烈女：封建社会把不愿改嫁或被侮辱而自杀的女子称为烈女。这里指从一而终的妇女。

⑪ 梭棉衣服：指用土布作成的衣服。

⑫ 染：沾染。此指弄脏衣服。

⑬ 腹内要安宁：意思为妇女外出时应提前大小便，尽量不使用别人家的厕所。

⑭ 衣枷：衣架，旧时放置衣物的器具。

⑮ 半响：半天的时间。

⑯ 冒搔风：搔通骚。随意骚扰人家。

⑰ 使唤：让人替自己做事。

⑱ 消停：停止。此指不要开口讲话。

⑲ 沉重：沉稳庄重。发轻：开玩笑，不严肃。

⑳ 细整：详细搜寻整理。此指打听。

㉑ 木蠹虫：蛀木虫。

㉒ 拙：笨拙。

㉓ 令名：美名。

㉔ 小学内则左传：《小学》，中国旧时的儿童教育课本。宋代朱熹、刘子澄编。辑录了符合儒家道德的言行，作为儿童教育课本；《内

则》是《周礼》一书中的篇名。其内容规定了妇女必须遵循的道德规范；《左传》，儒家经典之一，传为春秋左丘明著，是解释阐述《春秋》的一部史书。

㉕举案齐眉：案，盛食品的托盘。眉，眉毛。讲的是东汉时穷书生梁鸿的妻子孟光。梁鸿因家贫出外给人干活，每次回家时，孟光都把饭菜举得和眉毛一样齐送给梁鸿，表示对丈夫的尊敬。后世把孟光作为贤妻的典型。

㉖上书救父有缇萦：缇萦，西汉太仓令淳于意之女。淳于意因罪被判肉刑，缇萦随父同入长安，并给汉文帝上书，愿自卖为官婢，以赎父刑。文帝念其孝顺，遂废除其父肉刑。后世把缇萦作为孝女的典型。

㉗令女断鼻：令女，三国时魏国夏侯令之女。他结婚不久，丈夫不幸病死。父母逼她改嫁，她自己剪掉头发，割掉耳朵、鼻子，以示从一而终的决心。

㉘少君汲水：汲，从下往上打水。桓少君，西汉鲍宣之妻。出嫁那天，她因鲍宣家贫，带了许多嫁妆，鲍宣对此很不高兴。她便把东西全部送还娘家，改换土布衣服，随鲍宣回家。拜见过婆婆后，便提上瓮去打水，受到人们的称赞。

㉙养舅卫姑娘子军：舅姑，即公婆。唐高祖李渊女，嫁与柴绍，孝顺公婆。后柴绍随李渊在太原起兵反隋，她在家中尽散家财，组织了7万人的军队，在关中响应，被称为娘子军。

㉚画荻和丸夫人城：宋朝文学家欧阳修4岁丧父，其母郑氏教他读书。因家贫买不起纸笔，便以荻（一种草，像芦苇）为笔，以地为纸，教欧阳修学字。和丸：唐代柳公绰妻韩氏以苦参、黄连、熊胆和成药丸，让其子含在口里，激励他发奋读书。夫人城：前秦苻丕率兵攻打东晋梁州（今湖北襄阳），梁州刺史朱序的母亲带领侍婢及城中妇女在城西北筑一斜城，加固防御，使梁州得以保全。后世称之为夫人城。

㉛子贵纺麻：春秋仲孙縠母敬姜，在儿子当了鲁国大官后，仍然纺麻织布。

㉜存：生。殁：死。

㉝失明：失去视力。瞎。

㉞讦：揭发别人的隐私。

㉟懂不清：意为到处惹是生非，不得安宁。

㊱ 破败星：即败家子。

㊲ 嗔：生气。恼：恼恨。

㊳ 坑：坑害。

㊴ 瞎：陕西方言，坏的意思。

◇ 朱子家训 ◇

【题解】

《朱子家训》又名《朱柏庐治家格言》或《朱子治家格言》，是我国古代一部家教名作。因其通俗流畅，易于普及，故而三百年来流传极广，成为清代及近代家庭教育的必读课本。其作者朱用纯（1617–1688），字致一，自号柏庐，是清初学者。江苏昆山人。他一生未作官，潜心研究程朱理学，著有《朱子家训》、《愧讷集》、《大学中庸讲义》等著作。

《朱子家训》以"修身"、"齐家"为宗旨，五百余字总结了古代治家之道。成为官宦士绅、殷实富户以及书香门第津津乐道、倾心仰慕的治家良策。其中"宜未雨而绸缪，毋临渴而掘井"；"一粥一饭，当思来处不易；半丝半缕，恒念物力维艰"；"器具质而洁，瓦缶胜金玉"的节俭持家思想，"嫁女择佳婿，毋索重聘；娶媳求淑女，勿计厚奁"的婚嫁主张，"见富贵而生谄容者最可耻，遇贫穷而作骄态者贱莫甚"；"狎昵恶少，久必受其累；屈志老成，急则可相依"的待人接物观点等等，今天看来仍要作为借鉴。当然，在《朱子家训》中也有许多宣扬因果报应，安分守命等封建思想，这是应该引起注意的。对此，我们要历史地去看待。

【原文】

黎明即起，洒扫庭除①，要内外整洁；既昏便息，关锁门户，必亲自检点。

一粥一饭，当思来处不易；半丝半缕，恒念物力维艰②。

宜未雨而绸缪③，毋临渴而掘井。

自奉必须俭约④，宴客切勿留连。

器具质而洁，瓦缶胜金玉；饮食约而精，园蔬逾珍馐⑤。

勿营华屋，勿谋良田。

三姑六婆，实淫盗之媒⑥；婢美妾娇，非闺房之福。

童仆勿用俊美，妻妾切忌艳妆。

祖宗虽远，祭祀不可不诚；子孙愚，经书不可不读⑦。

居身务期质朴⑧，教子要有义方⑨。

莫贪意外之财，勿饮过量之酒。

与肩挑贸易，毋占便宜⑩；见穷苦亲邻，须多温恤⑪。

刻薄成家，理无久享⑫；伦常乖舛，立见消亡⑬。

兄弟叔侄，须分多润寡；长幼内外，宜法肃辞严。

听妇言乖骨肉，岂是丈夫⑭？重资财薄父母，不成人子。

嫁女择佳婿，毋索重聘⑮；娶媳求淑女，勿计厚奁⑯。

见富贵而生谄容者最可耻；遇贫穷而作骄态者贱莫甚。

居家戒争讼，讼则终凶；处世戒多言，言多必失。

勿恃势力而凌逼孤寡；毋贪口腹而恣杀牲禽⑰。

乖僻自是，悔误必多⑱；颓惰自甘，家道难成⑲。

狎昵恶少，久必受其累⑳；屈志老成，急则可相依㉑。

轻听发言，安知非人之谮诉，当忍耐三思㉒；因事相争，安知非我之不是，须平心暗想㉓。

施惠无念，受恩莫忘。

凡事当留余地，得意不宜再往。

人有喜庆，不可生妒忌心；人有祸患，不可生喜幸心㉔。

善欲人见，不是真善，恶恐人知，便是大恶。

见色而起淫心，报在妻女；匿怨而用暗箭，祸延子孙㉕。

家门和顺，虽饔飧不继亦有余欢㉖；国课早完，即囊橐无余自得至乐㉗。

读书志在圣贤，为官心存君国。

守分安命，顺时听天，为人若此，庶乎近焉㉘。

【白话】

黎明时就要起床，洒扫庭院，要使内外整齐清洁。

天黑后就要关好门窗，上好锁，并亲自检查一遍，然后再休息。

人吃的每一粒粮食要想到它来之不易；人身上穿的一丝一缕要想到把他们制造出来需花费很多功夫和材料。

应在下雨前即把房子修补好，不要到渴了的时候才想到挖井。事前要做好准备工作。

自己吃穿用所需的一切一定要节俭，宴请客人也要有节制，不要整天沉迷在里边。

家里的器具质朴洁净，这样就是陶制品也胜过用金玉做的贵重器皿；饮食少而精细，普通蔬菜也比山珍海味好。

不要营造过于华丽的房子，也不要总想得到好的田地。

三姑六婆（尼姑、道姑、卦姑；牙婆、媒婆、师婆、虔婆、药婆、稳婆。）实属淫盗之媒介；婢女美丽，小妾娇艳并不是家中的福气。

不要使用俊美漂亮的仆人，妻妾不要打扮得过于艳丽。

祖宗虽已死去，离我们很远，但对他们的祭祀必须诚心诚意；子孙虽然愚钝，但《四书》《五经》不能不读。

做人一定要诚恳朴实，教育孩子要讲究方法，要因材施教。

不要贪图意外之财，不要去饮过量之酒，否则会伤身体。

不要去占做小本生意人的便宜；看见亲戚乡邻困苦要怜悯体恤。

冷酷刻薄建立起来的家业是不会长久的；违背伦理纲常，家道也会迅速消亡。

兄弟叔侄之间，在分配财物时要照顾到收入少的人；家中男女老少都要严格服从家法，遵从礼教。

听信妇人之言，离间骨肉之情，怎能是大丈夫所为？看重钱财不好好孝敬父母，就不成其为人子。

嫁女儿要选择一个品行端正有才能的人做女婿，不要向人家索要过重的聘礼；给儿子娶媳妇要找懂事贤惠的姑娘，不要计较陪送的嫁妆多少。

见到有钱有势者就谄媚，这种人最可耻；遇到贫苦之人就傲慢无礼，这样的人最下贱卑鄙。

家庭之间要避免争讼、否则会带来灾祸；为人处世要少说为妙，话多有失，会带来不利。

不要依势仗强欺凌逼迫孤寡之人；不要贪图口腹而滥杀家畜和家禽。

性格怪僻，自以为是，错误和懊悔自然会多；精神颓废，行为懒惰还安然自得，家业是很难建成的。

和品德坏的人厮混在一起，时间长了必然受其连累；尊重品德高尚的老成人，急难时则可依靠。

轻易听信别人的话，怎知道不是诬陷中伤别人之言？需要再三考虑。因某事相争，怎知道不是自己的过错与不对呢？还要静下心来认真地想一想。

对别人有好处，不要老想着别人来报答，别人有恩于自己，就不要忘了回报。干什么事情都要适可而止，留有余地，不要做得太绝。称心如意时要知足、不可得寸进尺，贪得无厌。

别人有了喜庆的事儿，不可生妒嫉之心；别人遭受祸患灾难，不可幸灾乐祸。

做了好事总想让人知道，这不是真心做好事。干了坏事惟恐别人知道，便是错上加错，罪上加罪了。

见了美色便起淫邪之心，将来会在妻子和女儿身上得到报应；与人有怨仇，背后用暗箭伤人，将来会给子孙后代留下祸根。

家中和睦平顺，虽早饭接不上晚饭，也会有不尽的欢乐；国家的税粮早早交完，即使口袋余钱不多，心里也会感到十分轻松快乐。

　　读书是为了做一个道德高尚，学识渊博的人，达到圣贤的目标；做官要心里装有国君和国家，为国君分忧，替百姓着想。

　　安分守己，顺应时势，听天由命，为人若能做到这些，他的道德和学问就可谓接近圣贤了。

【注释】

　　① 庭除：庭，院子。除，台阶。这里指院子内外。

　　② 恒念：常常想到。物力：制造东西所花费的材料和力量。维艰：艰难。

　　③ 未雨绸缪：下雨之前先将门窗修缮好。引申为事前做好准备工作。

　　④ 自奉：自己日常的生活用品。留连：留恋。

　　⑤ 约：简单。精：精致。园蔬：菜园种的普通蔬菜。珍馐：珍奇美味的食品。

　　⑥ 三姑六婆：指尼姑、道姑、卦姑；牙婆、媒婆、师婆、虔婆、药婆、稳婆。淫：邪恶。盗：偷窃。媒：媒介，使双方发生关系的人物。

　　⑦ 愚：愚笨，迟钝。经书：儒家的经典著作。

　　⑧ 居身：做人。务期：务必。

　　⑨ 义方：道义和方法。这里指家教。

　　⑩ 肩挑贸易：肩挑，指小本生意的小贩。贸易，做生意。

　　⑪ 温恤：温和体恤。

　　⑫ 刻薄成家：用冷酷无情的手段发家。享：享用。

　　⑬ 伦常乖舛：伦常，伦理纲常，是封建社会每个人应遵循的行为准则。乖舛：违背。

　　⑭ 乖骨肉：疏远，离间骨肉之情。

　　⑮ 重聘：贵重的聘礼。

　　⑯ 厚奁：丰厚的嫁妆。

　　⑰ 恣杀：恣意滥杀。牲禽：牲口和家禽。

　　⑱ 乖僻自是：性格古怪孤僻，自以为是。

　　⑲ 颓惰自甘：颓废懒惰，心安理得。

⑳ 狎昵恶少：亲近品行恶劣的少年。

㉑ 屈志老成：尊重老成持重练达世事的人。急：急难。

㉒ 轻听：轻易相信。谮诉：诬陷，中伤别人。忍耐三思：耐心反复考虑。

㉓ 平心暗想：平心静气地去想。

㉔ 喜幸心：幸灾乐祸之心。

㉕ 匿怨：内心隐藏着的怨恨。

㉖ 饔飧：早饭和晚饭。

㉗ 囊橐：口袋。

㉘ 庶乎：接近、差不多。

◇ 醒世要言 ◇

【题解】

《醒世要言》是一部内容广博、影响较大的古代启蒙读物，由清代名儒宫南庄编撰而成。从内容上看，实属青少年、成人的道德行为规范。全书用词（西江月）的形式写出，内容包括事亲、兄弟、夫妇、朋友、教子、传家、睦邻、立品、修身、正心、诚意、淫欲、息争、方便、戒贪、医药、技艺、安贫、惜字、训言、残酷、赌博、节饮、戒瘾、居官、幕友、官差、处人、省己、改过等三十个方面，其中大部分内容，今天看来仍可作为借鉴。如在"正心"一节中，作者告诫人们，不要去迷信那些异端邪教，不要去听他们的胡言乱语。指出那些装神弄鬼者，都是一些谋财害命之徒。在"息事"一节中，作者指出："世上冤仇报复，终成一局残棋"，没完没了，最终结果只能是两败俱伤、家败人亡。与其如此，何不让人一步，饶人一着，不仅省受许多闲气，还可落心胸宽广、风格高尚的好名声。在"方便"一节中，他要求人们济助困苦，普救饥寒，"心头造只救生船，渡尽人间苦难"。在"技艺"一节中，他告诫人们一定要有真才实学，靠真本事吃饭。指出那些靠投机取巧赚钱财者是不能长久的。在"节饮"一节中，作者告诫人们，适量地饮酒能使人心情舒畅，四体融和，而暴饮则容易出丑，甚至与人大动干戈，因此饮酒一定要适量。在其他章节中，作者还告诫人们不要赌博、不要吸毒、不要仗势欺人、不要倚才傲物、不要暗中放箭、更不要借刀泄愤等等。

当然，由于本书是封建时代的产物，难免有一些落后的，不合时宜的内容夹杂其间。如在"立品"一节中，作者认为"士（读书人）乃四民（士、农、工、商）之首"，便打有那个时代的烙印，类似情况，书中还有，希望读者在阅读时注意。

西 江 月

祖 宗

【原文】

树有千枝万叶都从根上生来。

祖词祖墓好徘徊，想想根基何在？

不是根基深厚，如今哪有良材？

岁时祭扫有余哀，世代栽培勿坏。

【白话】

树木有千枝万叶，都是从根上生长出来。在祖宗祠堂坟墓前徘徊思量，想一想自己的根在哪里？若不是祖上根基深厚，教育有方，自己如今怎会成为有用之材？每年祭祀祖宗、打扫祖坟时要很悲戚，世世代代都要看护好祖坟，勿使其荒凉毁坏。

事 亲

【原文】

屈指人生大事，承欢养志为先。

生身父母比青天，敢向青天骄慢！

逆子雷霆一击，佳儿富贵双全。

痴人拜佛走天边，佛在堂前不见。

【白话】

算来人生最重要之事，莫过于修身养志承父母欢心。生身父母犹如青天一般，怎敢在青天面前骄慢呢？不孝之了必遭雷击，孝顺父母之人最终会富贵双全。傻瓜四处拜佛烧香，岂不知佛就在自己跟前（父母），反看不见。

兄　弟

【原文】

兄须友爱其弟，弟必恭敬其兄。
弟兄和气顺亲心，世世一堂余庆。
试想同枝同蒂，今生哪有来生？
如何财产太分明？枕上唆言莫听。

【白话】

兄长须爱护其弟，弟弟要对哥哥恭恭敬敬。兄弟和睦父母也会高兴，这样的家庭会福泽无穷。试想同为父母所生，今生不会再有来生。何必把钱财看得太重太分明？不要轻信妻子的枕边调唆之言。

夫　妇

【原文】

夫妇如宾相敬，从无反目鸳鸯。
同心黾勉奉高堂，留作儿孙榜样。
有子莫收婢妾，有妾莫弃糟糠。
百年家政好商量，死亦山头同葬。

【白话】

夫妇要相敬如宾，要像鸳鸯那样从不反目。同心同德，相互勉励侍奉父母，给子孙留下一个好的榜样。有了儿子最好不要娶小老婆，娶了小老婆也不要厌弃糟糠之妻。家庭大事要好好商量，死了也要葬在一起。

朋 友

【原文】

自昔良朋好友，原因道义成交。

相规相劝赛同胞，终日谈忠谈孝。

而今世道衰薄，诗歌酒肉称豪。

一朝利尽便轻抛，不顾旁人耻笑。

【白话】

自古朋友之间，都是因道同义合而成为好朋友的。彼此规劝赛过同胞，忠孝是他们共同的信仰。如今世道衰薄，朋友之间用酒肉诗歌来维系。一旦彼此无利可图，毫无用处，便轻易抛弃，哪管他人耻笑。

教 子

【原文】

子弟莫愁愚钝，家传自有良方。

先教孝弟后文章①，步步青云直上。

举动百般粗率，言语一味轻狂。

谁家伶俐好儿郎，可惜毫无福相。

【白话】

不要怕后代子孙头脑愚钝，教育孩子自有传家良方。首先教其懂得孝悌，然后再教其习字学文，如此即可步步高升青云直上。举止粗鲁不堪，言语轻浮狂妄。即便是一个聪明伶俐的孩子，将来也毫无出息，无福可享。

传　家

【原文】

若要儿孙富贵，但将诗礼传家。

莫笼禽鸟莫贪花，莫买淫书淫画。

夜夜楼台歌舞，朝朝赌博喧哗。

儿孙习惯更骄夸，惹出祸来天大。

【白话】

要想子孙荣华福贵，惟将《诗》、《书》、《礼》等儒家经典作为传家之宝。不要去养禽鸟不要贪女色，不要去买淫秽书画。夜夜歌舞寻欢，天天赌博喧闹。儿孙一旦养成骄奢淫逸的坏习惯，就会惹出天大的灾祸。

睦　邻

【原文】

善待乡邻亲族，一团和气为嘉。

无端横逆且由他，久久凶人自化。

口角与人解释，莫教送入官衙，

孤贫鳏寡更堪嗟，周助葬埋婚嫁。

【白话】

要善待乡邻亲戚，到处一团和气方为佳。无故横行霸道，胡作非为暂且随他，时间长了凶人自会消亡。因误会与人发生口角要解释清楚，免得因此被送入衙门。鳏寡孤贫之人令人嗟叹怜惜，要帮助他们料理丧葬婚嫁之事。

立　品

【原文】

士乃四民之首，最宜品行端方。

莫干词讼入公堂，碑在明伦堂上。

果是天伦不薄，自然丹桂生香。

人间考试未终场，天上题名先唱。

【白话】

读书人列四民（士、农、工、商）之首，最应该注意品行端正，起表率作用。不要因官司进入公堂，明伦堂上会记下你的功德。果真父子兄弟之间感情深厚，就会像丹桂一样自然生香。人间科考虽未结束，但天上早已金榜题名。

修 身

【原文】

古圣千言万语，其中要义无他。

只凭心地看如何，先要闭门思过。

百行光明正大，一门孝友谦和。

子孙昌盛吉祥多，方信吾言不错。

【白话】

古代圣贤千言万语，其中要义没有别的。闭门思过，想想自己心地是否善良。无论干什么都光明正大，人人都须孝顺父母，善待他人，态度谦和。如此家道定能繁荣昌盛，吉祥如意，那时就会相信我的言语不错。

正 心

【原文】

可恨异端邪教，诡言白日升天，

淫人妻女骗人钱，哄杀愚民无算。

诚尔斋公斋妇，休听鬼语魔言，

到头果谁见神仙？只是一刀两断。

【白话】

可恨那些装神弄鬼的异端邪教。诡言人死后可以升天成仙，实质上却干那骗钱、奸淫、残杀百姓的勾当。告诫吃斋念佛信教的良民百姓，不要听信装神弄鬼者的胡言乱语，到头来有谁成了神仙？赶快同他们一刀两断。

诚　意

【原文】

一念心头初动，虚空鉴察分明。
事恐人知便不行，即是圣贤心印。
忌用阴兵暗箭，休成佛口狼心。
能披肝胆见鬼神，梦里心魂亦静。

【白话】

你心中念头略动，上帝便观察得明明白白。坏事怕人知晓便不去做，就是圣贤之心。不可暗箭伤人，不要成为口蜜腹剑、表里不一之人。敢于披肝沥胆以诚相见之人，梦里边心魂不惊。

淫　欲

【原文】

万恶莫如淫色，冥司罪案难消。
红颜阴带杀人刀，况有闺门惨报。
就是自家妻妾，也须忍欲为高。
生儿短折枉悲号，自向胎前消耗。

【白话】

万恶莫过纵欲，到了冥间也罪责难消。美色暗带杀人刀，岂不见多少人都死于闺房。即便是自家妻妾，也要以节欲为高。子孙夭亡枉自悲哭，都是因为房事过度。

息　争

【原文】

世上冤仇报复，终成一局残棋。

饶人半著岂为低，省受许多闲气。

只为一朝小忿，看看家败人离。

毕竟温柔占便宜，到处人称高义。

【白话】

人与人之间冤冤相报，终成一局残棋，没完没了。让人一步不为低，免生许多闲气。何必因一点小矛盾，弄得家破人亡。到底温和忍让为好，人人都称方法妙、风格高。

方　便

【原文】

瘟疫勤施汤药，凶荒普救饥寒。

心头造只救生船，渡尽人间苦难。

力壮便劳筋骨，财多莫吝银钱。

若还财力两艰难，也用苦言寡劝。

【白话】

遇患病者要帮其医病，见遭灾者要帮其度过饥寒。要有普救众生之心，以便渡尽人间苦难。身强力壮者应干重体力活，财力雄厚者不要吝惜钱财。如果身体瘦弱、钱财不宽裕，也要四处苦言募捐，以便救济困苦。

戒　贪

【原文】

巧极偏生蠢子，财多绝少贤郎。

贪吝成家总不祥，转眼沙淘一浪。

本是流通国宝，岂容独饱私囊？

君财多取一分长，天早勾回十丈。

【白话】

过于精巧偏生蠢笨的儿子，钱财太多极少贤能的后代。靠贪婪吝啬成家毕竟不好，转眼间财产就会消失，如大浪淘沙一般。金银货币本是供流通用的，怎么能独饱私囊，占为己有？你多占取了一分钱财，老天早就勾回了十丈。

医　药

【原文】

谁不贪生怕死？可怜病苦呻吟。

全仗医家一片心，利市有无休问。

症若未曾经手，便教另请高明！

贪财莫掘陷人坑，一命终偿一命。

【白话】

谁不贪生怕死？身患疾病者痛苦不堪，十分可怜。全凭医生一片救死扶伤之心，是否有利可图且不要问。若遇不能诊治的疑难杂症，便让病人另请高明的医生，万不可因贪财而坑害病人，须知人命关天，一命偿一命。

技　艺

【原文】

大小各般工匠，全凭真实心肝。

几人机巧赚人钱？还是靠天吃饭。

千里离家作客，双亲望眼将穿。

花街酒市少盘桓 ②，早早回家一看。

【白话】

各行各业的手艺人，全凭真才实干来谋生。靠投机取巧赚钱糊口是不能长久的，还得靠天吃饭。离家千里做事，双亲望眼欲穿。酒市花街切莫逗留，无事早早回家看望双亲。

安 贫

【原文】

我有医贫妙术，忍耐两字金丹。

十年天道看循环，只要人心不变。

耕读各勤本业，何难平地为山。

逢人忸怩诉饥寒，空自惹人轻贱。

【白话】

我有医贫的妙术，"忍耐"二字是灵丹妙药。天道十年循环往复，只要本心不变，贫富会更替轮换。人人只要各勤本业，都会积土成山，硕果累累，逢人忸忸怩怩，诉饥诉寒，只会招人嘲笑，惹人轻贱。

惜 字

【原文】

浪子风流词曲，才人轻薄诗文。

伤风败俗坏人心，莫放笔头狂兴。

打扫庭堂墙壁，多粘先辈箴铭③。

片言只字抵千金，仔细寻思讽咏。

【白话】

风流浪漫的词曲，轻佻浅薄的诗文，都是些伤风败俗蛊惑人心的东西，切莫只顾笔头痛快，随意狂写。应打扫庭堂墙壁，多贴先贤圣哲的箴语铭言，片言只字值千金，还须认真诵咏体味。

训　言

【原文】

几辈轻狂恶少，相逢议论风生。

谈人过失与闺门，便觉十分高兴。

年少妄评前辈，财多轻笑贫人。

古来才子困功名，多为舌头三寸。

【白话】

那些轻浮狂妄品行恶劣的坏少年，相逢议论风生。揭人之短，谈人隐私，便觉十分得意。年少妄评前辈，财多轻笑贫人。自古多少文人怀才不遇，与功名无缘，多因说话随便，不注意分寸。

残　酷

【原文】

食馔非关祭养，何容残杀牲禽？

劝君刀下且留情，宛转哀声难听。

物命虽然微贱，天心最是慈仁。

生平不作忍心人，谁量后来福分。

【白话】

饮食不是为了祭祀和补养老人，何必要残杀牲禽？劝君高抬贵手刀下留情，牲禽哀叫之声使人听了难受。动物生命虽然微贱，但天心最为仁慈。平生不做狠心之人，后世的福分谁能限量？

赌　博

【原文】

好赌生平无厌，朝朝恶少成群。

田飞屋走鬼为邻，问你悔也不悔？

家富不知守富，家贫不会安贫。

个中坑煞许多人，都是自投陷阱。

【白话】

天天与品行恶劣的青年混在一起，赌博成瘾。最终落得变卖田产无家可归的地步，试问悔也不悔？家富时不知守富，家贫时不会安贫。赌博坑害了多少人？他们都是自投陷阱，自甘堕落。

节　饮

【原文】

能使寸心开朗，能令四体融和，

要知饮酒不须多，两盏三杯便可。

吃得醺醺大醉，醉时屡舞傞傞④。

舌头还怕动干戈，断断无多酌我。

【白话】

少饮能使心情舒爽，能令四肢血脉通畅。饮酒不宜过多，两盏三杯便可。喝得醺醺大碎，走路东摇西摆，此时最易惹是生非，大动干戈，因此饮酒一定要适可，绝不能暴饮。

戒　瘾

【原文】

一受鸦片之毒，因而病入膏肓。

不离床塌不离枪，昼夜昏昏惘惘。

哪管高堂着急？哪知后代遭殃？

青黄面貌黑心肠，虺蜴豺狼魑魅⑤。

【白话】

吸食鸦片，一旦成瘾，就会病入膏肓，不可救药。整天离不开床榻，离不开烟枪，昼夜昏昏沉沉，神志恍惚。哪管父母着急？哪顾后代遭殃？面貌青黄黑心肠，犹如虺蝎豺狼一般人不人，鬼不鬼。

居 官

【原文】

自古大贤大圣，谁非孝子忠臣？

人不忠孝便非人，忠孝神钦鬼敬。

何故贪官污吏，欺君枉法殃民。

上有青天下子孙，试请扪心自问。

【白话】

自古大贤大圣之人，哪个不是孝子忠臣？不忠不孝便不为人，忠孝能使鬼神钦佩敬重。那些贪官污吏，为何要欺君枉法，祸国殃民？面对青天白日、子孙后代，居官者要扪心自问，自己的作为是否合乎忠孝仁义，是否干了不道德之事。

幕 友

【原文】

寄语幕中宾友，公门孽海无边。

一言一字可回天，何不行些方便？

奸暴固宜究治，愚柔尤赖矜全。

东家功罪累千千，也有西宾一半。

【白话】

寄语幕僚宾客，宦海沉浮不定，事关重大。只言片字可以挽回重大的损失，有回天之功；为何不去积德行善，做些好事呢？奸诈暴虐者自当究查治罪，老诚柔顺之人还赖怜惜周全。主人功罪千千万，也有靠僚谋士的一半。

官　差

【原文】

奉劝在官人役，切莫倚势欺人。

当把人心比己心，头上天心亦顺。

若得官家宠用，正好公门修行。

买田要与子孙耕，留个有余不尽。

【白话】

奉劝官府当差之人，切莫仗势欺人。应当把人心比己心，如此苍天也很高兴。如若得到上级的宠用，正好为公众多做些善事。如有余钱，就可置田于子孙，给后代留下永久的家业。

处　人

【原文】

莫倚才华傲物，莫将势力倾人。

莫凭偏见废公评，莫记陈年宿限。

莫向暗中放箭，莫于沸后添薪。

莫凭厚貌饰深情，莫更借刀泄忿。

【白话】

不要恃才傲物，不要仗势侵害他人。不要固执己见，强词夺理，不要记陈年宿恨。不要暗中放箭，不要在开水锅底下添柴。不要厚着脸皮掩饰真情，更不要借刀杀人以泄私忿。

省　己

【原文】

莫挟沾沾之见，莫矜察察之明。

莫因逆耳拒忠诚，莫听谀言巧谮[6]。

莫学豪家折福，莫从乐处戕生。

莫因失意辍精勤，莫更逾闲败行。

【白话】

不要自以为是，沾沾自喜，不要自尊自大，自夸其能。不要因逆耳拒绝忠言，不要听阿谀奉承，诬陷中伤的花言巧语。不要学豪门大肆挥霍浪费，不要因口福残杀牲禽。不要因失意中止勤奋，放任自流，更不要无事生非，去干坏事。

改　过

【原文】

夜半平心细想，生平罪孽重重。

自惭自悔自捶胸，枉得人身何用？

虔具心香一炷，低头跪向天公。

心田从此莫疏慵，更愿同人广种。

【白话】

夜里扪心细想，平生罪孽重重。懊悔惭愧，捶胸叹气，自己枉自为人。虔心焚香一炷，跪向天公忏悔，从此不敢疏忽慵懒，更愿诸君以此为鉴。

【注释】

① 孝弟：即孝悌。孝敬父母谓之孝，尊重兄长谓之悌。

② 盘桓：逗留，徘徊。

③ 箴铭：劝诫和警惕自己的文字。

④ 傞傞（suō）：酒醉失态的样子。

⑤ 虺（huǐ）蜴：虺，古书上的一种毒蛇。蜴：四脚蛇。魍魉：传说中的怪物。

⑥ 谮（zèn）：诬陷，中伤。

◇ 增广贤文 ◇

【题解】

《增广贤文》是一种格言谚语的汇集。其作者和成书年代不得而知，但自清代以来在我国民间已开始广泛流行。其内容，有的摘自文献、书籍中的名句，有的则选用民间俗语，取材相当广泛。

《增广贤文》大多讲的是为人处世之道，宣扬作者的人生哲学，许多内容不乏积极的意义。如"路遥知马力，事久见人心"；"以责人之心责己，以恕己之心恕人"；"良药苦口利于病，忠言逆耳利于行"；"千里送毫毛，礼轻仁义重"等。但也有许多消极的、不合时宜的东西，如"万事皆已定，浮生空自忙"；"红粉佳人休使老，风流浪子莫教贫"；"命里有时终须有，命里无时莫强求"等等，希望读者在阅读时引起注意，择其善者而从之，其不善者而弃之。

另外，我们还把清同治年间周希陶的《重订增广》附录于后，供读者学习研究之用。

【原文】

昔时贤文，诲汝谆谆①。

集韵增广②，多见多闻。

观今宜鉴古③，无古不成今。

知己知彼，将心比心。

酒逢知己饮，诗向会人吟④。

相识满天下，知心能几人。

相逢好似初相识，到老终无怨恨心。

近水知鱼性，近山识鸟音。

易涨易退山浮水，易反易复小人心。

运去金成铁，时来铁似金。

读书须用意，一字值千金。

逢人且说三分话，未可全抛一片心。

有意栽花花不开，无心插柳柳成荫。

画虎画皮难画骨，知人知面不知心。

钱财如粪土，仁义值千金。

流水下滩非有意，白云出岫本无心⑤。

当时若不登高望，谁言东流海洋深，

路遥知马力，事久知人心。

两人一条心，有钱堪买金。

一人一条心，无钱堪买针。

相见易得好，久住难为人。

马行无力皆因瘦，人不风流只为贫。

饶人不是痴汉，痴汉不会饶人。

是亲不是亲，非亲却是亲。

美不美，乡中水；亲不亲，故乡人。

莺花犹怕春光老，岂可教人枉度春。

相逢不饮空归去，洞口桃花也笑人。

红粉佳人休使老，风流浪子莫教贫。

在家不会迎宾客，出路方知少主人。

黄金无假，阿魏^⑥无真。

客来主不顾，应恐是痴人。

贫居闹市无人识，富在深山有远亲。

谁人背后无人说？那个人前不说人？

有钱道真语，无钱语不真。

不信但看筵中酒，杯杯先劝有钱人。

闹里有钱^⑦，静处安身。

来如风雨，去似微尘。

长江后浪推前浪，世上新人赶旧人。

近水楼台先得月，向阳花木早逢春。

古人不见今时月，今月曾经照古人。

先到为君，后到为臣。

莫道君行早，更有早行人。

莫信直中直，须防仁不仁。

山中有直树，世上无直人。

自恨枝无叶，莫怨太阳偏。

大家都是命，半点不由人。

一年之计在于春，一日之计在于寅^⑧。

一家之计在于和，一身之计在于勤。

以责人之心责己，以恕己之心恕人^⑨。

守口如瓶，防意如城。

宁可负我，切莫负人。

再三须重事，第一莫欺心。

虎生犹可近，人熟不堪亲。

来说是非者，便是是非人。

远水难救近火，远亲不如近邻。

有茶有酒多兄弟，急难何曾见一人。

人情似纸张张薄，世事如棋局局新。

山中自有千年树，世上难逢百岁人。

力微休负重，言轻莫劝人。

无钱休入众，遭难莫寻亲。

平生莫作皱眉事，世上应无切齿人。

士者国之宝，儒为席上珍⑩。

若要断酒法，醒眼看醉人。

求人须求英雄汉，济人须济急时无。

渴时一滴如甘露，醉后添杯不如无。

久住令人嫌，贫来亲也疏。

酒中不语真君子，财上分明大丈夫。

出家如初，成佛有余。

积金千两，不如明解经书。

养子不教如养驴，养女不教如养猪。

有田不耕仓廪虚⑪，有书不读子孙愚。

仓廪虚兮岁月乏，子孙愚兮礼义疏。

同君一夜话，胜读十年书。

人不通今古，马牛如襟裾⑫。

茫茫四海人无数，哪个男儿是丈夫？

白酒酿成缘好客，黄金散尽为收书。

救人一命，胜造七级浮屠⑬。

城门失火，殃及池鱼。

庭前生瑞草，好事不如无。

欲求生富贵，须下死工夫。

百年成之不足，一旦坏之有余。

人心似铁，官法如炉。

善化不足，恶化有余。

水至清则无鱼，人至察则无徒。

知者减半，省者全无。

在家由父，出嫁从夫。

痴人畏妇，贤女敬夫。

是非终日有，不听自然无。

宁可正而不足，不可邪而有余。

宁可信其有，不可信其无。

竹篱茅舍风光好，道院僧房总不如。

命里有时终须有，命里无时莫强求，

道院迎仙客，书堂隐相儒。

庭栽栖凤竹，池养化龙鱼。

结交须胜己，似我不如无。

但看三五日，相见不如初。

人情似水分高下，世事如云任卷舒。

会说说都市，不会说屋里。

磨刀恨不利，刀利伤人指。

求财恨不多，财多害自己。

知足常足，终身不辱。

知止常止，终身不耻。

有福伤财，无富伤己。

差之毫厘，失之千里。

若登高必自卑，若涉远必自迩⑭。

三思而行，再思可矣。

使口不如自走，求人不如求己。

小时是兄弟，长大各乡里。

妒财莫妒食，怨生莫怨死。

人见白头嗔，我见白头喜。

多少少年亡，不到白头死。

墙有缝，壁有耳。

好事不出门，恶事传千里。

贼是小人，智过君子，

君子固穷，小人穷斯滥矣。

贫穷自在，富贵多忧。

不以我为德，反以我为仇。

宁向直中取，不可曲中求。

人无远虑，必有近忧。

知我者，谓我心忧。不知我者，谓我何求。

晴天不肯去，直到雨淋头。

成事莫说，覆水难收。

是非只为多开口，烦恼皆因强出头。

忍得一时之气，免得百日之忧。

近来学得乌龟法，得缩头时且缩头。

惧法朝朝乐，欺公日日忧。

一生一世，草生一春。

黑发不知勤学早，转眼便是白头翁。

月到十五光明少，人到中年万事休。

儿孙自有儿孙福，莫为儿孙作马牛。

人生不满百，常怀千岁忧。

今朝有酒今朝醉，明日愁来明日忧。

路逢险处难回避，事到临头不自由。

药能医假病，酒不解真愁。

人贫不语，水平不流。

一家养女百家求，一马不行百马忧。

有花方酌酒，无月不登楼。

三杯通大道，一醉解千愁。

深山毕竟藏猛虎，大海终须纳细流。

惜花须检点，爱月不梳头。

大抵选他肌骨好，不擦红粉也风流。

受恩深处宜先退，得意浓时便可休。

莫待是非来入耳，从前恩爱反为仇。

留得五湖明月在，不愁无处下金钩。

休别有鱼处，莫恋浅滩头。

去时终须去，再三留不住。

忍一句，息一怒，饶一着，退一步。

三十不豪，四十不富，五十将近寻死路。

生不认魂，死不认尸。

父母恩深终有别，夫妻义重也分离。

人生似鸟同林宿，大限来时各自飞。

人善被人欺，马善被人骑。

人无横财不富，马无夜草不肥。

人恶人怕天不怕，人善人欺天不欺。

善恶到头终有报，只争来早与来迟。

黄河尚有澄清日，岂可人无得运时。

得宠思辱，安居虑危。

念念有如临敌日，心心常似过桥时。

英雄行险道，富贵似花枝。

人情莫道春光好，只怕秋来有冷时。

送君千里，终须一别。

但将冷眼看螃蟹，看你横行到几时。

见事莫说，问事不知，闲事莫管，无事早归。

假若染就真红色，也被旁人说是非。

善事可作，恶事莫为。

许人一物，千金不移。

龙生龙子，虎生虎儿。

龙游浅水遭虾戏，虎落平川被犬欺。

一举首登龙虎榜，十年身到凤凰池[15]。

十年窗下无人问，一举成名天下知。

酒债寻常行处有，人生七十古来稀。

养儿防老，积谷防饥。

当家才知盐米贵，养子方知父母恩。

常将有日思无日，莫把无时当有时。

时来风送滕王阁，运去雷轰荐福碑[16]。

入门休问荣枯事，观看容颜便得知。

官清司吏瘦，神灵庙祝肥[17]。

息却雷霆之怒，罢却虎狼之威。

饶人算之本，输人算之机。

好言难得，恶语易施。

一言既出，驷马难追。

道吾好者是吾贼，道吾恶者是吾师。

路逢险处须当避，不是才人莫献诗。

三人同行，必有吾师焉。

择其善者而从之，其不善者而改之。

欲昌和顺须为善，要振家声在读书。

少壮不努力，老大徒伤悲。

人有善愿，天必佑之。

莫饮卯时酒，昏昏醉到酉[18]。

莫骂酉时妻，一夜受孤凄。

种麻得麻，种豆得豆。

天网恢恢[19]，疏而不露。

见官莫向前，做客莫向后。

宁添一斗，莫添一口。

螳螂捕蝉，岂知黄雀在后。

不求金玉重重贵，但愿儿孙个个贤。

一日夫妻，百日姻缘。

百世修来同船渡，千世修来共枕眠。

杀人一万，自损三千。

伤人一语，利如刀割。

枯木逢春犹再发，人无两度再少年。

未晚先投宿，鸡鸣早看天。

将相顶头堪走马，公侯肚里好撑船。

富人思来年，贫人思眼前。

世上若要人情好，赊去物件莫取钱。

死生有命，富贵在天。

击石原有火，不击乃无烟。

人学始知道，不学亦徒然。

莫笑他人老，终须还到老。

但能依本分，终须无烦恼。

大家做事寻常，小家做事慌张。

大家礼义教子弟，小家凶恶训儿郎。

君子爱财，取之有道。

贞妇爱色，纳之以礼。

善有善报，不是不报，日子未到。

人而无信，不知其可也。

一人道好，千人传实。

凡事要好，须问三老⑳。

若争小可，便失大道。

年年防饥，夜夜防盗。

学者如禾如稻，不学者如蒿如草。

遇饮酒时须饮酒，得高歌处且高歌。

因风吹火，用力不多。

不因渔父引，怎得见波涛。

无求到处人情好，不饮任他酒价高。

知事少时烦恼少，识人多处是非多。

入山不怕伤人虎，只怕人情两面刀。

强中自有强中手，恶人须用恶人磨。

会使不在家豪富，风流不用着衣多。

光阴似箭，日月如梭。

天时不如地利，地利不如人和。

黄金未为贵，安乐值钱多。

世上万般皆下品，思量惟有读书高。

世间好语书说尽，天下名山僧占多。

为善最乐，为恶难逃。

羊有跪乳之恩，鸦有反哺之义。

你急他未急，人闲心不闲。

隐恶扬善，执其两端。

妻贤夫祸少，子孝父心宽。

既坠釜甑[20]，反顾无益。

已覆之水，收之实难。

人生知足何时足，人老偷闲且自闲。

处处绿杨堪系马，家家有路通长安。

见者易，学者难。

莫将容易得，便作等闲看。

用心计较般般错，退步思量事事宽。

道路各别，养家一般。

从俭入奢易，从奢入俭难。

知音说与知音听，不是知音莫与谈。

点石化为金，人心犹未足。

信了肚，卖了屋。

他人眈眈不涉你目，他人碌碌不涉你足。

谁人不爱子孙贤，谁人不爱千钟粟，奈五行不是这般题目[22]。

莫把真心空计较，儿孙自有儿孙福。

与人不和，劝人养鹅，与人不睦，劝人架屋。

但行好事，莫问前程。

河狭水激，人急计生。

明知山有虎，莫向虎山行。

路不铲不平，事不为不成。

人不劝不善，钟不打不鸣。

无钱方断酒，临老始看经。

点塔七层，不如暗处一灯。

万事劝人休瞒昧，举头三尺有神明。

但存方寸地，留与子孙耕。

灭却心头火，剔起佛前灯。

惺惺常不足，蒙蒙作公卿[23]。

众星朗朗，不如孤月独明。

兄弟相害，不如友生。

合理可作，小利莫争。

牡丹花好空入目，枣花虽小结实成。

欺老莫欺少，欺少心不明。

随分耕锄收地利，他时饱暖谢苍天。

得忍且忍，得耐且耐，不忍不耐，小事成大。

相论逞英豪，家计渐渐消。

贤妇令夫贵，恶妇令夫败。

一人有庆，兆民咸赖。

人老心未老，人究志未穷。

人无千日好，花无百日红。

杀人可恕，情理难容。

乍富不知新受用，骤贫难改旧家风。

座上客常满，杯中酒不空。

屋漏更遭连阴雨，行船又遇顶头风。

笋因落箨方成竹，鱼为奔波始化龙。

记得少年骑竹马，看看又是白头翁。

礼义生于富足，盗贼出于贫穷。

天上众星皆拱北 ㉔，世间无水不朝东。

君子安贫，达人知命。

良药苦口利于病，忠言逆耳利于行。

顺天者存，逆天者亡。

人为财死，鸟为食亡。

夫妻相合好，琴瑟与笙簧。

有儿贫不久，无子富不长。

善必寿考，恶必早亡。

爽口食多偏作病，快心事过恐生殃。

富贵定要安本分，贫穷不必枉思量。

画水无风空作浪，绣花虽好不闻香。

贪他一斗米，失却半年粮；争他一脚豚，反失一肘羊。

龙归晚洞云犹湿，麝过春山草亦香。

平生只会量人短，何不回头把自量。

见善如不及，见恶如探汤。

人贫志短，马瘦毛长。

自家心里急，他人未必忙。

贫无义士将金赠，病有高人说药方。

触来莫与竞，事过心头凉。

秋至满山多秀色，春来无处不花香。

凡人不可貌相，海水不可斗量。

清清之水为土所防，济济之士为酒所伤。

蒿草之下，或有兰香，茅茨之屋，或有侯王。

无限朱门生饿殍，几多白屋出公卿㉕。

醉后乾坤大，壶中日月长。

万事皆已定，浮生空自忙。

千里送鹅毛，礼轻仁义重。

一人传虚，百人传实。

世事明如镜，前程暗似漆。

架上碗儿轮流转，媳妇自有做婆时。

人生一世，如驹过隙。

良田万顷，日食一升；大厦千间，夜眠八尺。

千经万典，孝义为先。

一字入公门，九牛拔不出。

衙门八字开，有理无钱莫进来。

富从升合起㉖，贫困不算来。

家中无才子，官从何处来。

万事不由人计较，一身都是命安排。

急行慢行，前程只有许多路。

人间私语，天闻若雷；暗室亏心，神目如电。

一毫之恶，劝人莫作；一毫之善，与人方便。

亏人是祸，饶人是福。

天眼昭昭，报应甚速。

圣贤言语，神钦鬼服。

人各有心，心各有见。

口说不如身逢，耳闻不如目见。

养军千日，用在一朝。

国清才子贵，家富小儿骄。

利刀割体疮易合，恶语伤人恨不消。

公道世间惟白发，贵人头上不曾饶。

有钱堪出众，无衣懒出门。

为官须作相，及第必争先。

苗从地发，树向枝分。

父子合而家不退，兄弟合而家不分。

官有公法，民有私约。

闲时不烧香，急时抱佛脚。

幸生太平无事日，恐逢年老不多时。

国乱思良将，家贫思贤妻。

池塘积水须防旱，田地深耕足养家。

根深不怕风摇动，树正不愁月影斜。

学在一人之下，用在万人之上。

一字为师，终身如父。

忘恩负义，禽兽之徒。

劝君莫将油炒菜，留与儿孙夜读书。

书中自有千钟粟，书中自有颜如玉。

莫怒天来莫怒人，五行八字命生成。

莫怨自己穷，穷要穷得干净；莫羡他人富，富要富得清高。

别人骑马我骑驴，仔细思量我不如。

等我回头看，还有挑脚汉。

路上有饥人，家中有剩饭，

积德与儿子，要广行方便。

作善鬼神钦，作恶遭天谴㉗。

积钱积谷不如积德，买田买地不如买书。

一日春工十日粮，十日春工半年粮。

疏懒人没吃，勤俭粮满仓。

十分伶俐使七分㉘，常留三分与儿孙。若要十分都使尽，远在儿孙近在身。

君子乐得做君子，小人枉自做小人。

好学者则庶民之子为公卿，不好学者则公卿之子为庶民。

惜钱莫教子，护短莫从师。

记得旧文章，便是新举子。

人在家中坐，祸从天上落。

但求心无愧，不怕有后灾。

只有和气去迎人，那有相打得太平？

忠厚自有忠厚报，豪强一定受官刑。

人到公门正好修，留些阴德在后头。

为人何必争高下，一旦无命万事休。

山高不算高，人心比天高。

白水变酒卖，还嫌猪无糟㉙。

贫寒休要怨，富贵不须骄。

善恶随人作，祸福自己招。

奉劝君子，各宜守己，

只此呈示，万无一失。

【白话】

用过去圣贤们的言论，来谆谆教诲于你。择取押韵的文字编成《增广》，多看一看，多听一听，于己会有裨益。

应总结吸取古人的经验教训，以此来指导今天的行动，没有过去，就没有今天。

熟悉自己，了解对方。

以己心比人心。

要与知心朋友饮酒，要向懂诗的人吟诵。

相识的人到处都有，然而知心朋友能有几人？

朋友相遇，总是像初次相识那样，这样到老都不会有怨恨之心。

近水者熟悉鱼性，常住山中能分辨出各种鸟的声音。

容易涨也容易退那是山涧的溪水，反复无常乃是小人的作为。

倒霉时金子可以变成铁，时来运转时铁可变成金。

读书只有下苦功夫，才能达到字字值千金的水平。

对人说话只要说三分就可以了，不能把心里话全交给别人。

有意去栽花花却不开，无意去插柳柳树却长得很茂盛。

虎的外表容易画但虎骨却不易画，了解人的表面容易但了解人的内心却很困难。

钱财没有什么珍贵的，要把它看得像粪土一般，价值千金的是仁义道德。

水从高处流向低处是无意的，白云从山洞中飘过也是无心的。

当初若不是登高远望，就不会相信海洋是那样的深广。

路途遥远才能知道马的耐力，共事久了才能知道人心的善恶。

两个人团结一心，即可财源滚滚成就大事。一个人一条心，则一事无成，一无所获。

初次接触容易搞好关系，长期住在一起关系就难处了。

马行无力是因为太瘦，人不风流是因为贫穷。

让人一步并非傻瓜，而愚蠢的人是不会宽以待人的。

是亲人不当亲人对待，不是亲人却当亲人看待。

故乡的水是那样的甜美；故乡的人是那样的亲切。

莺花还怕春光逝去，我们怎可教人虚度时光。

要好的人相逢不痛饮，门前的桃花也会耻笑的。

漂亮的姑娘不要使其衰老，风流浪子不要让其贫穷。

在家不热情对待客人，出门以后才明白缺少朋友，势单力薄。

黄金不易造假，阿魏容易以假乱真。

客人来了主人不去招待，其人恐怕是不懂事理的傻瓜。

人穷了住在闹市也无人问津，人富了住在深山也有亲朋拜访。

哪个人背后不被人议论？又有谁在别人面前不议论人呢？

有钱人说话人们都相信，没钱人说话人们都不相信。

不信你到筵席上看看，人人都先向有钱有地位的人举杯敬酒。

闹市是赚钱的地方，只有安静的地方才能修身养性。

人来时如风雨一般迅猛，人去时如尘埃一般飘去。

长江后浪推前浪，世上新人赶旧人，新老更替，后来者居上。

近水楼台先看到水中的月亮，向阳的花木自然先见到春光。

古人不会见到今天的月亮，但今天的月亮却照耀过古人。

先入为主，后到为臣。

不要以为自己来得早，有人比你来得更早。

不要太相信自称正直却不正直的人，要提防那些标榜仁义却并不仁义的人。

山中有笔直的树，世上没有正直无私的人。

自己先看看自己有没有缺点和毛病，不要总强调外界的影响。

每个人的一切都由命运决定，半点由不得个人。

一年最好的时光在春天，一天最好的时光在早晨，一个家庭最好莫过于和睦相处，养身最好的办法是勤劳勤练。

用责备别人的态度责备自己，用原谅自己的态度原谅别人。

对别人不可轻意开口，防犯之心应时时具备。

宁可别人对不起我，不可我对不起别人。

需要再三重视的是不要自己欺骗自己。

与没见过的老虎还可以接近，但与很熟的恶人不能太亲热。

四处说是非的人便是制造是非的人。

远处的水救不了近处的火，再好的远亲也比不上邻居有用。

一个人有吃有喝的时候兄弟朋友很多，遇到急难时却没有一个朋友出来相助。

人情像纸一样非常薄，世上的事如棋一样变化莫测。

山中千年的树有的是，但人间百岁以上的人却少见。

力气小就不要担负太多的重量，说话没有分量就不要去劝解人。

没钱不要到人前去，境遇不好的时候不要去寻亲访友。

一辈子不做对不起人的亏心事，世上就不会有憎恨自己的人。

有才德的读书人是国家的宝贵财富和栋梁。要想知道戒酒的办法，只要清醒时看看醉酒人的丑态就知道如何做了。

求人要求英雄好汉，帮助人应在人急需时帮助。

甘渴难忍时喝一滴水就如喝甘露一般，人醉后再添酒还不如不添。

长久住在别人家会被人嫌弃，如果人穷了亲戚也会疏远你。

酒桌上不胡说乃是真君子，钱财上清楚乃是大丈夫。

出家人能够始终如一，则最终修炼成佛是不成问题的。

积攒黄金千两，也不如通晓四书五经。

养儿子不去教育，就像养了一头驴；生下女儿不进行教育的话，就好像养了一口猪。

有田不耕种粮仓就会空虚，有书不读子孙就会愚笨。

粮仓空虚了日子就会艰难，子孙愚笨了就不知晓礼义。

同道德高尚、才能超群的人谈上一夜话，胜过死读十年书。

人如果不读书，不通晓古今，就如同牛马穿上衣服一样。

茫茫人海中，有作为的顶天立地的的男儿又有几个？

酿成美酒是为了招待客人，散尽黄金是为了收藏书籍。

救人一条命，胜过建造一座七层高的佛塔。

城门着火，难免殃及池鱼。一处有事，周围难免受牵连。

门庭前长出吉祥的草，这种好事不如没有。

要想得到富贵荣华，必须下大的气力，花大的功夫。

多年奋斗还不一定能成功，毁坏起来一天就足够有余。

如果说人心如铁，官法就如炼铁炉。

如果善性感化不够，则恶性影响就会越来越厉害。

水如果太清了就不会有鱼，人如果明察过分就会失去众人拥护。

有学问有知识的读书人少了，头脑清醒明白事理的人会更少。

女人在家听从父亲的，出嫁后服从丈夫。

愚笨的人怕老婆，贤惠的妻子敬重丈夫。

是非之事整天都会有，不听它不理睬它就会自然消失。

宁可正派做人而钱财不足，不可走邪道而富贵有余。

宁可相信某件事会发生，不可掉以轻心，认为其发生不了。

自家的茅屋竹院总是那么亲切那么好，就是道观寺院也比不上。

命中有的肯定会有，命中没有的不必强求，一切得听从命运的安排。

道观寺院是迎接神仙的地方，书堂中隐藏着宰相之材。

庭院中栽有落凤的竹子，鱼池里养有化龙之鱼。

结交朋友须找学识能耐超过自己的人，水平和自己差不多还不如不交往。

人与人之间相处三五日之后，相互之间的感情就不像初次相见时那样。

人情像水一样有薄有厚，世事像天上的云一样变化无常。

会说的说些都市大场面里的事，不会说的只好讲一些家中的琐事。

磨刀都嫌磨得不够锋利，但刀过于锋利则易伤人手指。

寻求财富的时候总嫌少，但钱财多了也会给自己带来祸害。

一切事情都要有所节制，适可而止，这样便可得到满足，一辈子也不会遭受耻辱。

有福的人遇到不幸只是损失点钱财，无福的人遭遇不幸时会伤及性命。

虽然差错只有一点，但造成的不良后果却很大。

要登高一定从低处开始，要走远路一定从近处起步。

凡事三思而后行动，但一般而言，考虑两次就可以了。

动口不如亲自动手去做，求人不如依靠自己努力。

小时在一起是好兄弟，长大成人后则各奔东西。

妒忌别人的钱财，不能妒忌别人的饮食；别人活着时你可以埋怨，别人死了就不要再埋怨。

别人发现头发白了很生气，我见了却很高兴。多少人年轻时就亡故了，还未曾活到白头时。

再好的墙壁都有透风的裂缝，而隔墙有耳，故应时时提防。

好的事情不易传出去，而坏事情则一日可传千里。

贼虽然是卑鄙的小人，但其智慧有时可以超过品行高尚的人。

品行正派的人虽穷，但能安分守己，小人穷了则会胡作非为。

人贫穷但可活得很自在，人越富贵忧虑越多。

不但不感激我，说我好，反而说我坏话，以我为仇人。

宁可在正道中取得少量的财物，不可在邪道中获取大量不义之财。

人如果没有长远的打算，眼前就会有忧愁。

了解我的人，能说出我心里的烦恼和忧愁。不了解我的人，还会以为我有个人追求。

天气好时不愿前去，直到大雨淋头才行动，已经晚了。

事情已经办成了就不要再多言，泼出去的水是收不回来的。

是非都是因为说话多引起来的，人的烦恼是由于争强好胜招致的。

遇到生气的事情如能忍一忍，可免得日后长时间不痛快。

人要像乌龟一样，情况不利时要将头缩回去，以保全自己。

敬畏法律遵守法纪，就会时时平安欢乐；冒犯公正，无视道德，只能天天有烦忧。

人生一世，犹如草生一春。时光短暂，应抓紧时间，有所作为。

年轻时不知道勤学苦读，转眼之间便会变成白发老翁，那时醒悟，已经有点晚了。

月过十五以后光明会一天比一天暗，人到中年还一事无成，以后也不会有大的作为了。

儿孙自有儿孙们的福气，不要为他们作牛作马左思右想过分操心。

人的寿命很少超过百岁，却常考虑到千年以后的事情。

今天有酒今天就一醉方休，明天的忧愁明天再说。

路至绝险之地就很难回旋，事情临头时躲避也躲避不掉。

药可以治好假病，但酒却不能解除人内心真正的忧愁。

人穷了不要随便说话，就像流水平稳了不能咆哮一样。

一家有女百家可以提亲求娶，一匹马不走，同车其他马也走不了。

有鲜花才饮酒，有明月才登楼。

三杯酒喝下去可以通晓领悟圣贤之道，酒喝醉了可以暂时解除烦恼和忧愁。

深山里藏有猛虎，大海终究会收纳细流。

在生活作风上要节制检点，洁身自好。只要对方身体强壮，即便不梳妆打扮也很风流潇洒。

得到恩惠太多时应该退让，春风得意时要想到适可而止，应激流勇退。

不要去听信他人的是非话，多少亲朋好友都是因为听了是非之话才变成仇人的。

只要五湖明月在，就不用担心无处钓鱼。意即保存根本。不要轻易离开有利的地方，也不要迷恋浅滩头（浅水养不了大鱼）。

应该失去的，再留也留不住。

少说一句话，会少生一次气；让人一步，会避免一次纠纷。

三十岁不立不发，四十岁不富不阔，到了五十岁年龄已大，离死不远，也就不会有所作为了。

态度坚决，死活不认。

与父母恩情再深终究会离开的，夫妻之间感情再重也有分离的时候。

人和人之间像鸟一样同宿在一个树林里，一旦灾祸来临，便会各奔东西。

人太善良老实了就会被人欺负，马过于温驯了，谁都可以骑。

人没有横财不会富，马不吃夜草不会肥。

恶人人都怕，但天不怕，老实人常受人欺负，但上天不会欺负。

行为善恶最后都有相应的报应，只是时间迟早问题。

黄河也有水清的时候，人难道就没有时来运转的时候吗？

受到宠爱有时要想想忍受屈辱的日子，安居乐业时要多考虑可能发生的危险。

人要时常保持高度警惕，小心谨慎，就像过独木桥一样不可大意。

英雄豪杰常干一些非常惊险的事情，富贵荣华像鲜花一样不可能长久。

人与人之间的情谊并不总像春天的景致那样美好，有时也会关系变冷的。

送朋友送得再远，最后总要分手，不要恋恋不舍。

用冷静的眼光盯着像螃蟹那样横行霸道的人，看他还能猖狂多久。

见了什么也不表态，问什么情况也不知道，少管闲事，无事早回家。

即便你把事做得完美无缺，也会有人说三道四，吹毛求疵。

好事要多做，坏事不可为。

答应人的事情，无论如何也要做到，不能改变。

龙生龙，虎生虎。

龙在浅水中虾也敢戏弄，虎落入平川反被狗欺负。意指人在不利条件下的遭遇。

一举中榜成名，取得功名，但没有十年的刻苦攻读是到不了皇帝身边的。

十年在寒窗下苦读没人问津，一下子成名后天下人都知晓。

喝酒欠债的事到处都有，能活到七十岁的人却不多。

养儿是为了年老有所依靠，积储粮食是为了防备饥荒。

当家后方知道钱财来之不易，生养了儿女后才能理解体会到父母的养育之恩。

条件好时要常想想条件不好的情形，条件不好时不要还像条件优越时那样铺张浪费。

运气好时，不利的情况也能变好；运气不佳，好的局面也会变坏。

到别人家里不必打听主人得意与否，看看他们的脸色表情也就知道了。

当官的清廉，下面听差的就不会有油水捞；哪座庙里神仙灵，烧香的人多，则管香火的人就肥满。

平息雷霆般的怒火，收敛起虎狼般的威风。意指遇事要心平气和，平易近人。

能宽恕别人是做人最基本的，能捐助别人也是做人至关重要的。

得到别人的好话很难，说别人的坏话则很容易。

说出口的话，就不能再收回。吹捧我的人是伤害我；批评我的人是爱护我。

路遇险处应该绕开去；才学不佳的人就不要去题诗献能。

三人与我同行，其中必有值得我学习的地方。

学习人家好的品行，改掉自身不好的品行。

要想家庭和睦兴旺，就要多做好事；要想振兴家门，光宗耀祖，就须刻苦攻读。

年轻时不努力学习上进，年老时只有枉自悲伤了。

人有善良的愿望，老天会保佑他实现的。

不要在早晨喝酒，否则一天昏昏沉沉直到晚上。不要晚上和妻子吵架，否则一夜都会孤孤单单无人理会你。

撒什么种子得什么果。

下什么功夫结什么果。

天道广大，看起来很稀疏，但决不会漏掉什么东西。意指法网无边，不会跑掉一个坏人。

凡事要根据自己的身份和情况而定，该前即前，该后即后。

宁向家多加一斗粮，不愿多添一口人。

当你在前边干某事的时候，哪知道后边早有人在算计着你。

不求金银财宝堆积如山，但愿子孙个个都有出息。

夫妻缘分得来不容易，要恩爱珍惜。

夫妻之间同舟共济。同床共枕，这是命中注定的，是前世修来的。

伤害别人，自己也会受很大的损失。

说一句伤人的话，就好像用刀刺人一样，故说话做事一定要慎重。

枯木到了春天会再次发芽，但人是不会有两次少年时代的。意指要珍惜时光。

出门在外，要早找地方休息，早睡早起，不耽误时间。

将相的头顶能跑马，公侯的肚里可撑船。人要度量大，风格高，心胸宽广。

富人考虑的很远，穷人只考虑眼前。

要想得到好的人缘，那么给人的东西就不要收钱。

人的生死是命里注定的，富贵是上天安排的。

石头相碰就会迸出火星，不去碰击就不会冒出火来。

人只有学习才会明白事理，不学什么也不明白。

不要笑话别人老态龙钟，自己总有一天也会变老的。

只要能安分守己，一生都不会有烦恼。

见多识广者做事很平常，孤陋寡闻者做事慌里慌张。聪明人用儒家礼义来教育子弟，愚蠢者只知用恶言训斥子孙。

君子也很爱财，但都是通过自己的正当劳动得来的。

守本分的妇女也很喜欢打扮，但要符合礼义规范。

干好事会有好的报应，干坏事会有坏的报应，这些自然会有相应的报应的，只是时间迟早问题。

一个人不讲信用，不知道他能干什么呢？

一个人说的事不管真假，经过很多人相传就会变成真的。

凡事要想办好，必须向有学问有道德的老人请教。

在一些小事上斤斤计较，便会失去更大的东西。

每年都要防备闹饥荒，每天夜里都要提防盗贼。

学习的人像禾苗庄稼一样十分有用，不学习的人像蒿草一样只配当柴烧。

遇到饮酒的时机就饮酒，需要歌唱时就放声歌唱。

凭借风力吹火，无须用很大力气。意指借他人的力量来达到某种目的。

没有渔翁引导，怎么能经风搏浪，开阔眼界，增长见识。

不求人与他人的关系自然就好，自不饮酒任凭他酒价再高。

知道的事情少烦恼自然也会少，认识的人多招惹的是非也会多。

上山不怕伤害人的老虎，只怕人与人之间两面三刀。

强者上面还有更强的人，坏人自会有更厉害的人来对付。

会计划不在家里有多少钱财，风流潇洒的人不在穿华丽的衣服。

光阴快得像射出的箭，日月走得像织布机上的梭一样快。要珍惜时间。

时机好不如地理位置好，地理位置好不如人团结好。

黄金算不上最宝贵，安静快乐的生活才是最宝贵的。

世上一切职业都是低下的，只有读书做官才最为高贵。

世上的好话书中说尽，天下的名山出家人占得最多。

做好事令人高兴快乐，做坏事罪责难逃。

羊羔吃奶时向母羊跪着，乌鸦长成后觅食喂养母鸟。鸟兽也知报答父母的恩义，何况人呢。

你着急他却不着急，人闲下来了，但心不能闲下来。

多讲别人的好处，少讲别人的坏处，选择一条折中之策。

家里有贤惠的妻了了，丈夫的灾祸就会减少；儿子孝顺，父亲就会少操心。

事情到了无法挽回的地步，反悔也没什么用处了。已经倒在地上的水，再收起来也不可能。

人一辈子也没有满足的时候，年老时当忙里偷闲颐养天年。

哪里的树都可以拴马，哪里的路都可通长安。

在旁边看人家做觉得很容易，一旦自己学做起来就觉得很难。

不要把轻而易举得到的东西看得很平常。

算计太精反而成错，退一步思索事情反而变得容易。

各人所走的道路虽不一样，但其目的都是为了养家糊口。

由俭朴到奢侈很容易，由奢侈再回到俭朴就难了。

彼此完全合得来的人可以倾心吐胆，性格不相投的人最好少说。

点石成金，但有的人仍不满足。

随意大吃大喝，把房子都卖了也满足不了。

别人游手好闲，别人忙忙碌碌，只要与己无关，就不要去管。

谁不喜欢子孙后代贤能有出息，又谁不希望家里藏有大量的粮米，但五行中不包括着这些。

不要为子孙们的前途枉费心机，他们自有他们的福气。

与人和不来，就请别人养鹅，并请别人重新造屋，分开生活。实则希望别人破家，搬走。

只要多做好事就行了，不要去管会给自己带来什么好处。

河道窄了水流自然就急，人在着急处自然会计上心来。

既然知道山中有猛虎，就不要再上山了。

道路不铲不修是不会平坦的，事情不去做怎么能够成功呢？

人不教育不引导是不会学好的，就像钟不打不响一样。

无钱的时候才去戒酒，年纪老了再去看儒家经典，这时为时已晚。

意指做再多的普通小事，还不如在人危难的时候帮人一把。

凡事告诉人们不要欺上瞒下，隐藏事实，苍天神灵对这些都知道得一清二楚。

要给子孙留下适当的田地，供他们自力更生，自食其力。

要熄灭心头的怒火，多行善事。

人太精明了反而成事不足，表面糊涂，大智若愚则可作公卿。

再多再耀眼的星星，也比不上一个明亮的月亮。

兄弟之间如果互相残害，还不如同学朋友。

合情合理的事可以做，不要去争微薄的利益。

牡丹花虽好但只能供观赏，枣花虽小但可以结出果实。指要注重实效。

要斗就和年龄大的（成年人）相斗，不要去欺负年少体弱的人。欺负人本是一种不明事理的表现。

按照农时变化来种植收获庄稼，吃饱穿暖时不要忘了感谢苍天。

凡事要冷静，能忍耐就忍耐，遇事不冷静不忍耐就容易把小事弄成大事。即所谓小不忍而乱大谋。

彼此之间高谈阔论，相互逞能，且不相让，家道将衰退下去。

贤惠的妻子能使丈夫尊贵起来，不好的妻子将使丈夫一事无成。

一个人成功了，许多人都会有依靠。

人老了但雄心不能老，人虽穷但志气不能穷。

人不可能总是一帆风顺，花不可能长久鲜艳下去。

杀了人有时可以宽恕，伤天害理是难以容忍的。

一下子富裕起来，会不知道如何享用；突然贫穷下来，过去的生活方式也难一下子改变过来。

常有宾朋来往，则杯中的酒就不会空。

比喻祸不单行，时运不佳，坏事接二连三。

笋因为掉下层层皮才成为竹子，鱼只有长途奔波才可变成龙。

还记得小时候骑竹马的情景，如今彼此相看都已成了白发苍苍的老翁。

人只有富裕了才懂得礼义，盗贼是贫穷所造成的。

天上的星星都环绕着北斗星旋转，世上的水都东流入海。

君子虽贫穷，但能安分守己。贤达的人知晓天命。

良药虽苦但却能治病，忠言虽然不好听但却利于行动。

顺从天意者就生存下来，违背天意者必然灭亡。

人为钱财而死，鸟为觅食而亡。

夫妻之间要像琴瑟与笙簧一样配合默契，音韵和谐。

有了儿子，贫穷不会长久，没有儿子，富贵也不会长久。

行善积德必然长寿，常做坏事必然夭亡。

美味佳肴吃得太多偏偏生病，高兴的事过后小心生出灾祸。意即乐极生悲。

富贵之后一定要安分守己，贫穷之后不要胡思乱想。

画中之水虽有波涛却听不到风浪，布上绣的花虽然好看但闻不到花香。

贪图他人一斗米，反而失去半年的口粮；拿了别人的一个猪蹄，却失掉了一个羊肘子。不要因小失大，得不偿失。

龙归洞时附近的云都变湿了，麝走过的地方草都带有香味。

有的人平时只会揭别人的短处，为什么不找找自己的缺点呢？要做自我批评。

遇见好事惟恐赶不上，遇见坏事惟恐躲之不及。

人贫穷了缺乏志气，马瘦了自然毛长。

自己的事情自己心里最着急，不关别人的事，别人是不会着忙的。

人穷了不会有人仗义送你钱财，人病了倒是有人告诉你治病的良方。

当别人触犯了你的时候，莫与别人计较，事情过后心境自然会平静下来。

秋天到了，漫山遍野充满秀丽的景色；春天来了，到处弥漫着花香。

衡量一个人不可从相貌上判定，如同海水不能用斗去量一样。

再大的洪水为土所防，多少志士豪杰为酒所伤。

蒿草之下可能长有兰草，茅屋里边可能生出王侯将相。

许多豪门贵族之家生出饿殍，但多少贫穷之家却生出了达官贵人。

人醉后会感到天地广阔，心情舒畅；以酒度日，消磨时光，会感到时间漫长。

所有的事上天都已定好，个人的努力都是徒劳。

千里送一根鹅毛，礼物虽轻，但情意很重，故要珍惜。

一人说的假话，经过许多人相传就可能变成真的。

世上的事都很明了，但个人的前程却很暗淡。

架上的碗碟轮流转用，再年轻的媳妇也有做婆婆的时候。

人生一世，犹如白驹过隙，一闪即过，要珍惜时间。

家有万顷良田，但每天也只不过吃一升；虽有千间大厦，但每天晚上睡觉只能占去八尺长的地方。

所有的经典，无不以忠孝仁义为先。

一旦在衙门中供出，再也别想收回。

衙门大开，有理无钱就别进来打官司。

富是由一点一点积累来的，贫穷都是因为不会计划，不会精打细算。

家中没有读书求学的人，怎么能有人做官呢？

个人的生死富贵用不着考虑，一切都是命中注定。

人一生的前程都已被安排好了，快走慢走都一样。

背地里讲的悄悄话，暗地里做的亏心事，上天都能听见，都知道得一清二楚，是瞒不过的。

任何细小的坏事，都要劝人不要做；任何与人有利，与人方便的小事，都要去做。

亏损人会带来灾祸，宽恕人能给自己带来福分。

老天看得清清楚楚，人的行为都会很快得到报应。

圣贤的言语，鬼神都很钦佩和服气。凡人更应如此。

每个人都有自己的心思，每个心都有自己的主见和想法。

用口说不如亲身经历，耳听不如亲眼所见。

长期供养训练军队，为的是一旦爆发战争，就可投入使用。

国家政治清明，有才学的读书人就会受到重视；家境富裕，小儿容易骄气。

刀子伤了人伤口容易愈合，恶语伤人怨恨不容易消除。

衰老对每个人来说都很公道，即使达官贵人也免不了。

有钱的人喜欢抛头露面，无钱的人只好闭门在家，懒得出门。

做官就要做宰相那样的官，考试及第就要名列前茅。

禾苗从地里长出来，树枝从树干上分出来，这是毫无疑问自然而然的事。

父子和睦家道不会衰退，兄弟团结则不会分家。

国家有国家的法律，民间有自己的乡规民约。

意指平时不准备，一旦到了用时才仓促应付。

有幸生在太平盛世，只怕自己已是老年，剩下的时间不多了。

国家出现战乱就会思求良将；家境贫困就会盼望得到贤能的妻子。

池塘里蓄满水是为了防旱，土地只有深耕细作才可以多打粮食养家糊口。

树根又大又深就不怕大风摇动，树干正就不怕地上的影子斜。意指为人做事正派，就不怕别人指责。

从一个人那里学到的东西，可以用在千千万万人身上。

从老师那里学到点滴知识，就要终身像对待父亲那样尊敬老师。

忘恩负义，同禽兽没有分别。

奉劝家长们不要大量用油炒菜，要留给儿孙们夜间读书之用。

读书人要发奋苦读，书中自有荣华富贵（钱财和美女）。

不要怨天尤人，个人的遭遇与不幸都是命中注定。

不要埋怨自己贫穷，穷要穷得有骨气；不要羡慕他人富，富要富得纯洁高尚。

别人骑马我骑驴，我不如人，但还有不如我的徒步肩挑之人。指上比不足，下比有余，当知足常乐。

有讨饭者来到门前，家中如有剩饭，当积德行善，行些方便，把食物送给他们。

行善事鬼神钦佩，做坏事必会遭到老天的谴责。

积攒钱粮不如多积阴德，买田买地不如多买书籍。意指要教育后代多读圣贤之书，明白圣贤之道。

一年之计在于春，要抓紧春耕，抓紧学习，抓紧工作。

人如果疏懒就会缺吃少穿，人如果勤俭就会吃穿不愁。

十分的聪明用上七分便可，要留上几分给自己和后代。否则对自己和后代都不好。意指凡事要留有余地，适可而止，不可锋芒毕露。

高尚者自愿高尚，卑鄙者自甘卑鄙。

　　一个人如果好学，即便是平民之子也可做大官；一个人如不好学，即使是公侯之子，日后也会破落成为平民。

　　爱惜钱财，就别想教育子孙；庇护缺点，就不要从师学习。

　　能弄懂并背得圣贤们的文章，便会成为新的才子举人。

　　人倒霉了即使足不出户，也会大祸临头，只要问心无愧，就不怕有后灾。

　　要想过上安宁日子，就要和和气气地去对待周围的人，经常打架骂仗是不可能得到太平的。

　　忠厚老成的人自会得到好的报应，豪取强夺者自会受到官法的制裁。

　　在公家干事正好多做些好事，以便行善积德，造福后代。

　　何必与他人争强斗胜，一旦因此而丢掉性命，则万事皆休。

　　山再高也没有天高，但人心有时比天还要高。有的人贪婪吝啬成性，把水当酒卖给别人，还埋怨自家的猪没酒糟吃。

　　家中贫寒不要怨天尤人，家中富贵不要骄傲自满。

　　好事和坏事由人做，灾祸和幸福都是自己招的。

　　奉劝天下的正人君子，都要安分守己，遵纪守法。

　　只要能够做到上面所说的一切，就可以保证你万无一失，一帆风顺。

【注释】

① 诲：教诲。

② 集韵增广：选取押韵的字编成《增广》一书。

③ 鉴：借鉴。

④ 会人：懂得的人。

⑤ 岫：山洞，山峰。

⑥ 阿魏：中药名。多产南亚、西亚一带。可用来消积、杀虫、解毒等。

⑦ 闹：闹市，人多的地方。

⑧ 寅：十二时辰之一，约三点至五点，这里指早晨。

⑨ 责：责备，要求。恕：宽恕，原谅。

⑩ 士：德才兼备的人。儒：读书人。

⑪ 仓廪：粮仓。

⑫ 襟裾：衣服的前后部分，此指衣服。

⑬ 浮屠：佛塔。

⑭ 卑：低。迩：近。

⑮ 龙虎榜：指古代科举考试后公布中举名单的榜示。凤凰池：魏晋时掌管机要的中书省，因接近皇帝，被称为凤凰池，这里指皇帝身边的机要部门。

⑯ 滕王阁句：唐初建于南昌。相传在竣工的前一晚，曾有神风相助，把七百里外的大文学家王勃送于阁下，使其参加了竣工宴会，并当场作了著名的《滕王阁序》。荐福碑句：说的是宋朝范仲淹镇守鄱阳时，有个书生向他献诗哭穷。范仲淹见他字写得还好，就让他去临摹荐福寺的碑文，将其出售可获大利。纸墨都准备好了，不料当夜荐福碑突然被雷击碎。"时来风送滕王阁，运去雷轰荐福碑"，就成了后人用来宣扬时运的两个故事。

⑰ 庙祝：庙宇里管香火的人。

⑱ 卯时：早晨五点到七点的时间，此指早晨。酉：下午五点到七点的时间，此指晚上。

⑲ 恢恢：广大无边。

⑳ 三老：古时掌管教化的乡官，这里指有德行的老人。

㉑ 坠：掉到地上，釜甑：蒸食的瓦器。

㉒ 五行：指金、木、水、火、土五种物质。古人认为五行相生相克，万物均由五行演化而来。

㉓ 惺惺：聪明。蒙蒙：糊涂。

㉔ 拱：环绕。

㉕ 朱门：指有钱有势的富贵之家。饿殍：饿死路旁的人。白屋：贫穷之家。

㉖ 升合：容量单位，十勺等于一合，十合等于一升。此指一点一滴积累。

㉗ 谴：谴责，惩罚。

㉘ 伶俐：聪明，敏捷。

㉙ 糟：做酒剩下的渣子。

附：重订增广

昔时贤文，诲汝谆谆。集韵增广，多见多闻。观今宜鉴古，无古不成今。贤乃国之宝，儒为席上珍。农工与商贾，皆宜敦五伦。孝弟为先务，本立而道生。尊师以重道，爱众而亲仁。钱财如粪土，仁义值千金。作事须循天理，出言要顺人心。心术不可得罪于天地，言行要留好样与儿孙，处富贵地，要矜怜贫贱的痛痒；当少壮时，须体念衰老的酸辛。孝当竭力，非徒养身。鸦有反哺之孝，羊知跪乳之恩。岂无远道思亲泪，不及高堂念子心。爱日以承欢，莫待丁兰刻木祀；椎牛而祭墓，不如鸡豚逮亲存。兄弟相害，不如友生；外御其侮，莫如弟兄。有酒有肉多兄弟，急难何曾见一人。一回相见一回老，能得几时为弟兄。父子和而家不败，兄弟和而家不分，乡党和而争讼息，夫妇和而家道兴。只缘花底莺声巧，遂使天边雁影分。诸恶莫作，众善奉行。知己知彼，将心比心。责人之心责己，爱己之心爱人。再三须慎意，第一莫欺心。宁可人负我，切莫我负人。贪爱沉溺即苦海，利欲炽燃是火坑。随时莫起趋时念，脱俗休存矫俗心。横逆困穷，直从起处讨由来，则怨尤自息；功名富贵，还向灭时观究竟，则贪恋自轻。昼坐惜阴，夜坐惜灯。读书须用意，一字值千金。酒逢知己饮，诗向会人吟。相识满天下，知心能几人？相逢好似初相识，到老终无怨恨心。平生不作皱眉事，世上应无切齿人。栖迟蓬户，耳目虽拘而神情自旷；结纳山翁，仪文虽略而意念常真。萤仅自照，雁不孤行。苗从蒂发，藕由莲生。近水知鱼性，近山识鸟音。路遥知马力，事久见人心。运去金成铁，时来铁似金。马行无力皆因瘦，人不风流只为贫。近水楼台先得月，向阳花木早逢春。饶人不是痴汉，痴汉不会饶人。不说自己桶索短，但愿人家箍井深。美不美，乡中水，亲不亲，故乡人。割不断的亲，离不开的邻。相见易得好，久住难为人。客来主不顾，应恐是痴人。在家不会迎宾客，出路方知少主人。群居守口，独坐防心。志从肥甘丧，心以淡泊明。有钱堪出众，遭难莫寻亲。远水难救近火，远亲不如近邻。两人一般心，有钱堪买金；一人一般心，无钱堪买针。力微休负重，言轻莫劝人。听话如尝汤，交财始见心。易涨易退山溪水，易反易覆小人心。画虎画皮难画骨，知人知面难知心。谁人背后无人说，那个人前不说人？但行好事，莫问前程。钝鸟先飞，大器晚成。千里不欺孤，独木不成林。贫居闹市无人问，富在深山有远亲。人情似纸张张薄，世事如棋局局新。世人结交须黄金，黄金不多交不深。纵令然诺暂相许，终是悠悠行路心。当局者昧，旁观者明。河狭水急，人急计生。饱暖思淫欲，饥寒起盗心。飞蛾扑灯甘就镬，春蚕作茧自缠身。江中后浪催前浪，世上新人赶旧人。人生一世，草生一春。来如风雨，去似微尘。闹里有钱，静处安身。明知山有虎，莫向虎山行。莺花犹怕风光老，岂可教人枉度春？相逢不饮空归去，洞口桃花也笑人。昨日花开今日谢，百年人有万年心。北邙荒冢无贫富，玉垒浮云变古今。幸名无德非佳兆，乱世多财是祸根。世事茫茫难自料，清风明月冷看人。劝君莫作守财虏，死去何曾带一文！血肉身躯且归泡影，何论影外之影；山河大地尚属微尘，而况尘中之尘。速效莫求，小利莫争。名高妒起，宠极谤生。众怒难犯，专欲难成。物极必反，器满则倾。欲知三岔路，须问去来人。三十年前人寻病，三十年后病寻人。大富由命，小富由勤。自恨枝无叶，莫谓日无阴。一年之计在于春，一日之计在于寅。一家之计在于和，一生之计在于勤。择婿观头角，娶女访幽贞。大抵取他根骨好，富贵贫贱非所论。无限朱门生饿殍，几多白屋出公卿。凌云甲第更新生，胜概名园非旧人。众口难辩，孤掌难鸣。当场不战，过后兴兵。一肥遮百丑，四两拨千斤。无病休嫌瘦，身安莫怨贫。岂能尽如人意，但求无愧我心。雨露不滋无本草，混财不富命穷人。慢藏诲盗，冶容诲淫。偏听则暗，兼听则明。耳闻是虚，眼见是实。一犬吠影，百犬吠声。莫信直中直，须防仁不仁。虎生犹可近，人毒不堪亲。来说是非者，便是是非人。世路由他险，居心任我平。惺惺常不足，懞懞做公卿。遍身绮罗者，不是养蚕人。毋私小惠而伤大体，毋借公论而快私情。毋以己长而形人之短，毋因己拙而忌人之能。勿恃势力而凌逼孤寡，勿贪口腹而恣杀牲禽。倚势凌人，势败人凌我；穷巷追狗，巷穷狗咬人。见色而起淫心，报在妻女；匿怨而用暗箭，祸延子孙。先到为君，后到为臣。莫道君行早，更有早行人。灭却心头火，剔起佛前灯。平日不作亏心事，半夜敲门心不惊。牡丹花艳空入目，枣花虽小结成实。众星朗朗，不如孤月独明；照塔层层，不如暗处一灯。鼓打千槌，不如轰雷一声；良田百亩，不如薄技随身。富厚福泽，不过厚吾之生；贫贱忧戚，乃是玉汝于成。命薄福浅，树大根深。非上上智，无了了心。讳疾忌医，掩耳盗铃。烈士让千乘，贪夫争一文。气是无明火，忍是敌灾星。但存方寸地，留与子孙耕。万事劝人休瞒昧，举头三尺有神明。为恶畏人知，恶中犹有善路；为善急人知，善处即是恶根。贫贱骄人，虽涉虚矫，还有几分侠气；奸雄欺世，纵似挥霍，全没半点真心。扫地红尘飞，才著工夫便起障；开窗日月进，能开灵窍自生明。发念处即遏三大欲，到头时方全一点真。守分安命，趋吉避凶。识真方知假，无奸不显忠。人无千日好，花无百日红。人老心不老，人穷志不穷。座上客常满，杯中酒不空。礼义兴于富足，盗贼出于贫穷。乍富不知新受用，乍贫难改旧家风。天上有星皆拱北，世间无水不朝东。白发不随人老去，转眼又是白头翁。屋漏更遭连夜雨，船破又遇打头风。笋因落箨方成竹，鱼为奔波始化龙。汝惟不矜，天下莫与汝争能；汝惟不伐，天下莫与汝争功。明不伤察，直不过矫。仁能善断，清能有容。不尽人之欢，不竭人之忠。不自是而露才，不轻试以幸功。受享不愈分外，修持不减分中。待人无半毫诈伪欺隐，处事只一味镇定从容。肝肠煦若春风，虽囊乏一文，还怜茕独；气骨清如秋水，纵家徒四壁，终傲王公。急行缓行，前程只有许多路；逆取顺取，到头总是一场空。生不认魂，死不认尸。好言难得，恶语易施。美玉可沽，善贾且待。瓦甄既堕，反顾何为？英雄行险道，富贵似花枝。人情莫道春光好，只怕秋来有冷时。父母恩深终有别，夫妻义重也分离。人生似鸟同林宿，大限来时各自飞。早把甘旨勤奉养，夕阳光景不多时。人善被人欺，马善被人骑。人恶不怕天不怕，人善人欺天不欺。善恶到头终有报，只争来早与来迟。龙游浅水遭虾戏，虎落平阳被犬欺。但将冷眼观螃蟹，看你横行到几时。黄河尚有澄清日，岂有人无得运时。十年窗下无人识，一举成名天下知。燕雀那知鸿鹄志，虎狼岂被犬羊欺。事业文章，随身销毁，而精神万古不灭；功名富贵，逐世转移，而气节千载如斯。得宠思辱，居安思危。国乱思良相，家贫思良妻。荣宠旁边辱等待，贫贱背后福跟随。成名每在穷苦日，败事多因得意时。声妓晚景从良，半世之烟花无碍；贞妇白头失守，一生之清苦俱非。闲事休管，无事早归。假饶染就真红色，也被旁人说是非。常将酒钥开眉锁，莫把心机织鬓丝。为人莫作千年计，三十河东四十西。秋虫春鸟，共畅天机，何必浪生悲喜；老树新花，同含生意，胡为妄别妍媸。许人一物，千金不移。一言既出，驷马难追。鄙啬之极，必生奢男；厚德之至，定产佳儿。日勤三省，夜惕四知。博学而笃志，切问而近思。少年不努力，老大徒伤悲。惜钱休教子，护短莫从师。须知孺子可教，勿谓童子何知。一举首登龙虎榜，十年身到凤凰池。进德修业，要个木石的念头，若稍涉矜夸，便趋欲境；济世经邦，要段云水的趣味，若一有贪恋，便堕危机。官清书吏瘦，神灵庙祝肥。若要人不知，除非己莫为。静坐常思己过，闲谈莫论人非。友如作画须求淡，邻有淳风不攘鸡。小窗莫听黄鹂语，踏破荆花满院飞。平生最爱鱼无舌，游遍江湖少是非。无事常如有事时提防，才可以弥意外之变；有事常如无事时镇定，才可以消局中之危。三人同行，必有我师，择其善者而从，其不善者改之。养心莫善于寡欲，无恒不可作巫医。狎昵恶少，久必受其累；屈志老成，急则可相依。心口如一，童叟无欺。人有善念，天必佑之。过则无惮改，独则毋自欺。道吾好者是吾贼，道吾恶者是吾师。入观庭户知勤惰，一出茶汤便见妻。父老奔驰无孝子，要知贤母看儿衣。

入门休问荣枯事，观看容颜便得知。养儿防老，积谷防饥。常将有日思无日，莫待无时想有时。守己不贪终是稳，利人所有定遭亏。美酒饮当微醉候，好花看到半开时。当路莫栽荆棘树，他年免挂子孙衣。望于天，必思己所为；望于人，必思己所施。贪了牡禽的滋益，必招性分的损；占了人事的便宜，必受天道的亏。出家如初，成佛有余。三心一净，四相俱无。著意于无，即是有根未斩；留心于静，便为动芽未锄。鹬蚌相争，渔人得利。城门失火，殃及池鱼。人而无信，百事皆虚。言称圣贤，心类穿窬。学不尚实行，马牛而襟裾。欲求生福贵，须下苦功夫。既耕亦已种，时还读我书。结交须胜己，似我不如无。同君一夜话，胜读十年书。求人须求大丈夫，济人须济急时无。渴时一滴如甘露，醉后添杯不如无。作事惟求心可以，待人先看我何如。害人之心不可有，防人之心不可无。酒中不语真君子，财上分明大丈夫。白酒酿成缘好客，黄金散尽为收书。竹篱茅舍风光好，道院僧房总不如。炮凤烹龙，放箸时与盐齑无异；悬金佩玉，成灰处与瓦砾何殊。先达笑弹冠，休向侯门轻束带；相知犹按剑，莫从世路暗投珠。厚时说尽知心，恐防薄后发泄。少年不节嗜欲，每至中道而殂。水至清则无鱼；人至察则无徒。痴人畏妇，贤女敬夫。妻财之念重，兄弟之情疏。宁可正而不足，不可邪而有余。认真还自在，作假费工夫。是非朝朝有，不听自然无。久住令人贱，频来亲也疏。但看三五日，相见不如初。人情似水分高下，世事如云任卷舒。百年成之不足，一旦坏之有余。训子须从胎教始，端蒙必自小学初。养子不教如养驴，养女不教如养猪。有田不耕仓廪虚，有书不读子孙愚。仓廪虚兮岁月乏，子孙愚兮礼义疏。茫茫四海人无数，那个男儿是丈夫。要好儿孙须积德，欲高门第快读书。救人一命，胜造七级浮图；积金千两，不如一解经书。静中观物动，闲处看人忙，才得超尘脱俗的趣味；忙处会偷闲，闲中能取静，便是安身立命的工夫。子教婴孩，妇教初来。内要伶俐，外要痴呆。聪明逞尽，若祸招灾。能让终有益，忍气免伤财。富从升合起，贫因不算来。暗中休放箭，乖里放些呆。衙门八字开，有理无钱莫进来。天灾不时有，谁家挂得免字牌？用人不宜刻，刻则思效者去；交友不宜滥，滥则贡谀者来。财是怨府，贪为祸胎。乐不可极，乐极生衰；欲不可纵，纵欲成灾。百年容易过，青春不再来。欲寡精神爽，思多血气衰。一头白发催将去，万两黄金买不回。略尝辛苦方为福，不作聪明便是才。终身疾病，恒从新婚造起；盖世勋猷，多是老成建来。见者易，学者难。莫将容易得，便作等闲看。万恶淫为首，百善孝为先。妻贤夫祸少，子孝父心宽。事亲须当养志，爱子勿令偷安。不求金玉重重贵，但愿儿孙个个贤。却愁前面无多路，及早承欢向膝前。祭而丰不如养之厚，悔之晚何若谨于前。花逞春光，一番雨一番风，催归尘土；竹坚雅操，几朝霜几朝雪，傲就琅玕。言顾行，行顾言。为事在人，成事在天。伤人一语，痛如刀割；杀人一万，自损三千。击石原有火，逢仇莫结怨。有容德乃大，无欲心自闲。瓜田不纳履，李下不整冠。误处皆缘不学，强作乃成自然。将相顶头堪走马，公侯肚内好撑船。贫不卖书留子读，老犹栽竹与人看。不作风波于世上，但留清白在人间。勿因群疑而阻独见，勿任己意而废人言。路逢险处，为人辟一步周行，便觉天宽地阔；遇到穷时，使我留三分抚恤，自然理顺情安。事有急之不白者，宽之或自明，勿操急以速其忿；人有切之不从者，纵之或自化，勿操切以益其顽。道路各别，养家一般。逸态闲情，惟期自尚；清标傲骨，不愿人怜，他急我不急，人闲心不闲。富人思来年，贫人顾眼前。忙中多错事，醉后吐真言。上山擒虎易，开口告人难。不是撑船手，休要提篙竿。好言一句三冬暖，恶语伤人六月寒。知音说与知音听，不是知音莫与谈。谗言败坏真君子，美色消磨狂少年。用心计较般般错，退步思量事事难。但有绿杨堪系马，处处有路到长安。人欲从初起时剪除，如斩新刍，工夫极易，若乐其便，而姑为染指，则深入万仞；天理自乍见时充拓，如磨尘镜，光彩渐增，若惮其难，而稍为退步，便远隔千山。风息时，休起浪；岸到处，便离船。隐恶扬善，谨行慎言。自处超然，处人蔼然，得意欿然，失意泰然。老当益壮，穷且益坚。榜上名扬，蓬门增色；床头金尽，壮士无颜。由俭入奢易，由奢入俭难，少成若天性，习惯成自然。自奉必须俭约，宴客切勿留连。枯木逢春犹再发，人无两度再少年。少而寡欲颜常好，老不求官梦亦闲。书有未曾经我读，事无不可对人言。兄弟叔侄，须分多润寡；长幼内外，宜法肃词严。一粥一饭，当思来处不易；半丝半缕，恒念物力维艰。人学始知道，不学亦徒然。愚而好自用，贱而好自专。有书真富贵，无事小神仙。由岫孤云，去来一无所系；悬空朗镜，妍丑两不相干。劝君作福便无钱，祸到临头便万千。善恶关头休错认，一失人身万劫难。积德若为山，九仞头休亏一篑；容人须学海，十分满尚纳百川。为善最乐，为恶难逃。养兵千日，用在一朝。国清才子贵，家富小儿娇。士为知己用，节不岁寒凋。不因渔父引，怎得见波涛。但知口中有剑，不知袖里藏刀。春蚕到死丝方尽，恶语伤人恨难消。入山不怕伤人虎，只怕人情两面刀。世间公道惟白发，贵人头上不曾饶。无求到处人情好，不饮随他酒价高。书画是雅事，一贪痴便成商贾；山林是胜地，一营恋便成市朝。情欲意识属妄心，消杀得忘心尽，而后真心现；矜高倨傲是客气，降服得客气平，而后正气调。因风吹火，用力不多。光阴似箭，日月如梭。吉人之辞寡，躁人之辞多。黄金未为贵，安乐值钱多。儿孙胜于我，要钱做什么？儿孙不如我，要钱做什么？会使不在家豪富，风雅不在著衣多。强中自有强中手，恶人自有恶人磨。知事少时烦恼少，识人多处是非多。世间好语书说尽，天下名山寺占多。积德百年元气厚，读书三代雅人多。上为父母，中为己身，下为儿女，做得清方了却平生事；立上等品，为中等事，享下等福，守得定才是个安乐窝。一念常惺，才避得去神弓鬼矢；纤尘不染，方解得开天罗地网。富贵是无情之物，你看得他重，他害你越大；贫贱是耐久之交，你处得他好，他益你必多。谦恭待人，忠孝传家。不学无术，读书便佳。男以女为室，女以男为家。根深不怕风摇动，表正何愁日影斜。能休尘境为真境，未了僧家是俗家。成家犹如针挑土，败家好似水推沙。池塘积水堪防旱，田地深耕足养家。讲学不尚躬行，为口头禅；立业不思种德，如眼前花。一段不为的气节，是撑天立地之柱石；一点不忍的念头，是生民育物之根本。早起三光，迟起三慌。顺天者存，逆天者亡。世路风波，炼心之境；人情冷暖，忍性之场。爽口食多终作病，快心事过必生殃。汤武以谔谔而昌，桀纣以唯唯而亡。量窄气大，发短心长。善必寿考，恶必早亡。与治同道罔不兴，与乱同事罔不亡。富贵定要依本分，贫穷不必枉思量。福不可邀，养喜神以为招福之本；福不可避，去杀机以为远祸之方。贪他一斗米，失却半年粮；争他一脚豚，反失一肘羊。不贪为宝，两不相伤。画水无风偏作浪，绣花虽好不闻香。贫无达士将金赠，病有高人说药方。三生有幸，一饭不忘。见善如不及，见恶如探汤。隐逸林中无荣辱，道义路上泯炎凉。秋至满山皆秀色，春来无处不花香。恶忌阴，善忌阳。穷灶门，富水缸。家贼难防，偷断屋粮。坐吃如山崩，游嬉则业荒。居身务期质朴，训子要有义方。富若不教子，钱谷必消亡；贵若不教子，衣冠受不长。能师孟母三迁教，定卜燕山五桂芳。国有贤臣安社稷，家有逆子恼爹娘。说话人短，记话人长。平生只会说人短，何不回头把己量。言易招尤，对亲友少说两句；书能化俗，教儿孙多读几行。施惠勿念，受恩莫忘。刻薄成家，理无久享；伦常乖舛，立见消亡。触来莫与说，事过心清凉。君子不可貌相，海水不可斗量。蓬蒿之下，或有兰香；茅茨之屋，或有公王。一家饱暖千家怨，万世机谋二世亡。狐眼败砌，兔走荒台，尽是当年歌舞地；露冷黄花，烟迷绿草，悉为旧日争战场。拨开世上尘氛，胸中自无火炎水竞；消去心中鄙吝，眼前时有鸟语花香。贫穷自在，富贵多忧。既往不咎，覆水难收。人无远虑，必有近忧。勿临渴而掘井，宜未雨而绸缪。宁向直中取，不可曲中求。驭横切莫逞气，止谤还要自修。忍得一时之气，免得百日之忧。是非只为多开口，烦恼皆因强出头。酒虽养性还乱性，水能载舟亦覆舟。克己者，触事皆成药石；尤人者，启口即是戈矛。以直报怨，以义解仇。庄敬日强，安肆日偷。惧法朝朝乐，欺公日日忧。晴干不肯去，只待雨淋头。儿孙自有儿孙福，莫与儿孙作牛马，人生七十古来稀，问君还有几春秋？当出力处须出力，得缩头时且缩头。生年不满百，常怀千岁忧。逢桥须下马，有路莫登舟。路逢险处须当避，事到头来不自由。吴宫花草埋幽径，晋代衣冠成古丘。功名富贵若长在，汉水亦应西北流。青冢草深，万念尽同灰冷；黄粱梦觉，一身都是云浮。人平不语，水平不流。便宜莫买，浪荡莫收。不以我为德，反以我为仇。有花方酌酒，无月不登楼。人有三句硬话，树有三尺绵头。一家养女百家求，一马不行百马忧。深山毕竟藏猛虎，大海终须纳细流。到此已穷千里目，谁知才上一层楼。欲知世事须尝胆，会尽人情暗点头。受恩深处宜先退，得意浓时便可休。莫待是非来入耳，从前恩爱反为仇。贫家光扫地，贫女净梳头，景色虽不丽，气度自优游。器具质而洁，瓦缶胜金玉；饮食约而精，园蔬愈珍馐。无益世言休著口，不干己事少当头。留得五湖明月在，不愁无处下金钩。休向君子谄媚，君子原无私惠；休与小人为仇，小人自有对头。名利是缰锁，牵缠时，逆则生憎，顺则生爱；富贵如浮云，觑破了，得亦不喜，失亦不忧。若登高，必自卑；若涉远，必自迩。磨刀恨不利，刀利伤人指；求财恨不多，财多终累己。有福伤财，无福伤己。病加于小愈，孝衰于妻子。居视其所亲，达视其所举，富视其所不为，贫视其所不取。知足常足，终身不辱；知止常止，终身不耻。君子爱财，取之有道；小人放利，不顾天理。悖入亦悖出，害人终害己。人非善不交，物非义不取。身欲出樊笼外，心要在腔子里。勿偏信而为奸所欺，勿自任而为气所使。差之毫厘，谬以千里。使口不如自走，求人不如求己。为富兼为仁，愿生莫愿死。人见白头嗔，我见白头喜。多少少年亡，不到白头死，贼是小人，智过君子。君子固穷，小人穷斯滥矣。壁有缝，墙有耳，好事不出门，恶事传千里。之子不称服，奉身好华侈，虽得市童怜，还为识者鄙。天下无不是底父母，世间最难得者兄弟。青出于蓝而胜于蓝，冰生于水而寒于水。不痴不聋，不作阿姑阿翁；得亲顺亲，方可为人为子。处骨肉之变，宜从容不宜激烈；当家庭之衰，宜惕厉不宜委靡。是日一过，命亦随减。务下学而上达，毋舍近而趋远。量入为出，凑少成多。溪壑易填，人心难满。用人与教人，二者却相反，用人取其长，教人责其短。打人莫伤脸，骂人莫揭短。仕宦芳规清慎勤，饮食要诀缓暖软。水暖水寒鱼自知，花开花谢春不管。蜗牛角上校雌雄，石火光中争长短。留心学到古人难，立脚怕随流俗转。凡是自是，便少一是；有短护短，更添一短。洒扫庭除，要内外整洁；关锁门户，必亲自检点。天下无难处之事，只消两个如之何；天下无难处之人，只要三个必自反。凡事要好，须问三老。好问则裕，自用则小。勿营华屋，勿作淫巧。若争小可，便失大道。但能依本分，终须无烦恼。有言逆于汝心，必求诸道；有言逊于汝志，必求诸非道。吃得亏，坐一堆；要得好，大做小。志宜高而心宜下，胆欲大而心欲小。学者如禾如稻，不学者如蒿如草，唇亡齿必寒，教弛富难保。书中结良友，千载奇逢；门内产贤郎，一家活宝。一场闲富贵，狠狠挣来，虽得还是失；百年好光阴，忙忙过去，纵寿亦为夭。事事有功，须防一事不终；人人道好，须防一人著恼。宁添一斗，莫添一口。但求放心，休夸利口。要学好人，须寻好友。引醅若酸，那得好酒。宁遭父母手，莫遭父母口。狗不嫌家贫，儿不嫌母丑。勿贪意外之财，勿饮过量之酒。进步便思退步，着手先图放手。不嫌刻鹄类鹜，只怕画虎成狗。责善勿过高，当思其可以；攻恶勿太严，要使其可爱。享现在之福如点灯，随点则随灭；培将来之福如添油，愈添则愈久。恩里由来生害，得意时须早回头；败后或反成功，拂心处莫便放手。多交费财，少交省用。千里送鹅毛，礼轻仁义重。骨肉相残，煮豆燃萁；兄弟相爱，灼艾分痛。以身教者从，以言教者讼。厚积不如薄取，滥求不如减用。一字入公门，九牛拖不出。理字不多大，千人抬不动。两人自是，不反目稽唇不止，只温语称他人一句好，便有无限欢欣；两人相非，不破家亡身不止，只回头认自己一句错，便有无边受用。和气致祥，乖气致戾。玩人丧德，玩物丧志。福至心灵，祸至心晦。受宠若惊，闻过则喜。创业固难，守成不易。门内有君子，门外君子至；门内有小人，门外小人至。东海曾闻无定波，北邙未肯留闲地。趋炎虽暖，暖后更觉寒增；食蔗能甘，甘余便生苦趣。争名利，要审自己分量，休眼热别个，辄生嫉妒之心；撑门户，要算自己来路，莫步趋他人，妄起挪扯之计。家庭和睦，疏食尽有余欢；骨肉乖违，珍馐亦减至味。观过知仁，投鼠忌器。爱而知其恶，憎而知其善。贫而无怨难，富而无骄易。晴空看鸟飞，流水观鱼跃，识宇宙活泼之机；霜天闻鹤唳，雪夜听鸡鸣，得乾坤清纯之气。先学耐烦，切莫使气，性躁心粗，一生不济。举世好承奉，承奉非好意；不知承奉者，以尔为玩戏。得时莫夸能，不遇休妒世。物盛则必衰，有隆还有替。路径仄处，留一步与人行；滋味浓时，减三分让人嗜。为人要学大，莫学小，志气一卑污了，品格难乎其高；持家要学小，莫学大，门面一弄阔了，后来难乎其继。争斗场中，出几句清冷言语，便扫除无限杀机；寒微路上，用一片赤热心肠，遂培植许多生意。一日为师，终身为父。衣不如新，人不如故。忍一言，息一怒；饶一着，退一步。三十不立，四十见恶，五十相将寻死路。爱儿不得爱儿伶，聪明反被聪明误。心去终须去，再三留不住。非意相干，可以理遣；横逆加来，可以情恕。贫穷患难，亲戚相顾；婚姻死丧，邻保相助。亲者毋失其为亲，故者毋失其为故。得意不宜再往，凡事当留余步。宁使人讶其不来，勿令人厌其不去。有生必有死，孽钱归孽路。不怕无来处，只怕多去处。务要见景生情，切莫守株待兔。丧家亡身，多言占了八分；世微道替，百直曾无一遇。得忍且忍，得耐且耐，不忍不耐，小事变大。事以密成，语以泄败。相论成英雄，家计渐渐退。贤妇令夫贵，恶妇令夫败。一人有庆，兆民永赖。富贵家，宜宽厚，而反忌克，如何能享！聪明人，宜敛藏，而反炫耀，如何不败！见怪不怪，其怪自败。一正压百邪，少见必多怪。君子之交淡以成，小人之交甘以坏。视寝兴之早晚，知人家之兴败。寂寞衡茅观燕寝，引起一段冷趣幽思；芬菲园圃看蝶亡，觑破几般尘情世态。言忠信，行笃敬。君子安贫，达人知命。惟圣罔念作狂，惟狂克念作圣。爱人者，人恒爱；敬人者，人恒敬。好讼之子，多致终凶；积善之家，必有余庆。损友敬而远，益友亲而近。善与人交，久而能敬。过则相规，言而有信。贫士养亲，菽水承欢；严父教子，义方是训。不为昭昭信节，不为冥冥堕行。勤，懿行也，君子敏于德义，世人则借勤以济其贫；俭，美德也，君子节于货财，世人则假俭以饰其吝。欲临死而无挂碍，先在生时事事看得轻；欲遇变而无仓忙，须向常时念念守得定。识得破，忍不过；说得硬，守不定。笑前辙，忘后跌；轻德乘，豆羹竞。子有过，父当隐；父有过，子当诤。木受绳则直，人受谏则圣。良药苦口利于病，忠言逆耳利于行。家丑不可外传，流言切莫轻信。下情难于上达，君子不耻下问。芙蓉白面，不过带肉骷髅；美艳红妆，尽是杀人利刃。读书而寄兴于吟咏风雅，定不深心；修德而留意于名誉事功，必无实证。一人非之，便立不定，只见得有是非，何曾知有道理？一人不知，便就不平，只见得有得失，何曾知有义命？智生识，识生断。当断不断，反受其乱。人各有心，心各有见。有盐同咸，无盐同淡。人间私语，天闻若雷；暗室亏心，神目如电。一毫之恶，劝人莫作；一毫之善，与人方便。终身让路，不枉百步；终身让畔，不失一段。难合亦难分，易亲亦易散。口说不如身行，耳闻不如目见。只见锦上添花，未闻雪里送炭。传家二字耕与读，防家二字盗与奸，倾家二字淫与赌，守家二字勤与俭。作种种之阴功，行时时之方便。不汲汲于富贵，不戚戚于贫贱。素位而行，不尤不怨。先达之人可尊也，不可比媚；权势之人可远也，不可侮慢。祖宗富贵，自诗书中来，子孙享富贵而贱诗书；祖宗家业，自勤俭中来，子孙得家业而忘勤俭。以孝律身，即出将入相，都做得妥妥亭亭；以忍御气，虽横祸飞灾，也免脱千千万万。善有善报，恶有恶报。若有不报，日子未到。水不紧，鱼不跳。年年防饥，夜夜防盗。祸福无门，惟人自招。好义固为人所钦，贪利乃为鬼所笑。贤者不炫己之长，君子不夺人所好。受享过分，必生灾害之端；举动异常，每为不祥之兆。救既败之事，如驭临崖之马，休轻加一鞭；图垂成之功，如挽上滩之舟，莫稍停一棹。窗前一片浮青映白，悟入处，尽是禅机；阶下几点飞翠落红，收拾来，无非诗料。种麻得麻，种豆得豆。天网恢恢，疏而不漏。见官莫向前，做客莫在后。会数而礼勤，物薄而情厚。大事不糊涂，小事不渗漏。内藏精明，外示浑厚。佳人傅粉，谁识白刃当前；螳螂捕蝉，岂知黄雀在后！天欲祸人，必先以微福骄之，所以福来不必喜，要看会受；天欲福人，必先以微祸儆之，所以祸来不必忧，要看会救。算什么命？问什么卜？欺人是祸，饶人是福。鹪鹩巢林，不过一枝；鼹鼠饮河，不过满腹。大俭之后，必有大奢；大兵之后，必有大疫。天眼昭昭，报应甚速。人欺不是辱，人怕不是福。人亲财不亲，人熟礼不熟。百病从口入，百祸从口出。片言九鼎，一公百服。点石化为金，人心犹未足。不肯种福田，舍财如割肉。临时空手去，徒向阎君哭。积产遗子孙，子孙未必守；积书遗子孙，子孙未必读。莫把真心空计较，惟有大德享百福。不作无益害有益，不贵异物贱用物。谁人不爱子孙贤？谁人不爱千钟粟？奈五行不是这般题目。恩宜自淡而浓，先浓后淡者，人忘其惠；威宜自严而宽，先宽后严者，人怨其酷。以积货财之心积学问，则盛德日新；以爱妻子之心爱父母，则孝行自笃。学须静，才须学。非学无以广才，非静无以成学。行义要强，受谏要弱。生于忧患，死于安乐。闲时不烧香，急时抱佛脚。不患老而无成，只怕幼而不学。咬得菜根香，寻出孔颜乐。富贵如刀兵戈矛，稍放纵便销膏靡骨而不知；贫贱如针砭药石，一忧勤即砥节砺行而不觉。送君千里，终须一别。不矜细行，终累大德。亲戚不悦，无务外交；事不终始，无务多业。临难毋苟免，临财毋苟得。气死莫告状，饿死莫做贼。醉后思仇人，君子避酒客。智者千虑。必有一失；愚者千虑，必有一得。千年田地八百主，田是主人人是客。良田不由心田置，产业变为冤业折。真士无心邀福，天即就无心处牖其衷；险人着意避祸，天即就着意处夺其魄。权贵龙骧，英雄虎战，以冷眼观之，如蝇竞血，如蚁聚膻；是非蜂起，得失猬兴，以冷情当之，如冶化金，如汤消雪。客不离货，财不露白。馋言不可听，听之祸殃结；君听臣遭诛，父听子遭灭，夫妇听之离，兄弟听之别，朋友听之疏，亲戚听之绝。鬼神可敬不可谄，冤家宜解不宜结。人生何处不相逢，莫因小怨动声色。心思如青天白日，不可使人不知；才华如玉韫珠含，不可使人易测。性天澄澈，即饥餐渴饮，无非康济身肠；心地沉迷，纵演偈谈玄，总是播弄精魄。芝兰生于深林，不以无人而不芳；君子修其道德，不为穷困而改节。满招损，谦受益。百年光阴，如驹过隙。世事明如镜，前程暗似漆。有麝自然香，何必当风立。良田万顷，日食三餐；大厦千间，夜眠八尺。救生不救死，寄物不寄失。人生熟不需财，匹夫不可怀璧。廉官可酌贪泉水，志士不受嗟来食。适志在花柳灿烂、笙歌沸腾处，那都是一场幻境界；得趣于木落草枯、声稀味淡中，才觅得一些真消息。圣贤言语，雅俗并集，人能体此，万无一失。

◇ 老学究语 ◇

【题解 】

《老学穷语》作者李西沤生卒年籍贯不详，但从《老学究语》的语言风格看，作者当是晚清地方乡贤。

《老学究语》包括四言、六言、杂言三部分。它以当时的通俗语言向少年儿童深入浅出地讲述了许多人生的道理。它认为"日出而作，日入而息"的劳动者是"第一等人"。它教育少年做人应该谦虚谨慎有礼貌，应该心胸宽广，光明磊落；它教育少年人做事要有恒心，学习要勤奋；它教育少年人要乐于助人，不要做钻钱眼的小人；要正直而敢于打抱不平，不要做"因风纵火，火上浇油"的势利小人；它教育少年人要待人宽，律己严；要树立真正为国家做一番事业，为百姓谋福利的远大抱负。这些都是有益的。

当然，讲的一些诸如"天理良心"一类的道理，从品德道义的角度讲，是对的。但在作者所处时代的局限下，这些道理今天看却显得软弱无力。而讲的替人遮掩错误，莫管他人之事之类的语言又明显缺乏积极意义，甚至自相矛盾；至于忠、孝、节、义等更是明确地打上了封建地主阶级的烙印，对此，应持分析批判的态度。

四　言

【原文】

有礼则安，无礼则危。齐家以礼，万福之基。

【白话】

有礼貌就会安全，没有礼貌就会产生危险。用礼教来治家教人，这是造福给后人的根基。

【原文】

上下之分，内外之限，最宜谨严，不可稍乱。

【白话】

上和下之间的等级分别，内部和外部之间的限制规矩，这些最应该慎重而严格，丝毫都不能混淆杂乱。

【原文】

家长严正，卑幼恭顺，善气凝薰，元吉大庆。

【白话】

做家长要严肃而正派，作为子女家人要恭敬而和顺，仁义善良的气氛凝集薰染，家庭就会大吉大利光彩喜庆。

【原文】

不怕饥寒，怕无家教，惟有教儿，最关紧要。

【白话】

不怕饥饿寒冷，怕的是没有好的家庭教育，只有教育好儿孙，才是最重要最关键的事。

【原文】

有儿不教，不如无儿；教不以正，何以为教？

【白话】

养有儿子而不教育他，不如没有儿子；用不正确的道理教育孩子，又怎么能算是教育孩子。

【原文】

善爱儿者，不偏于爱，偏于爱者，儿受其害。

【白话】

真正会爱儿孙的人，不娇惯溺爱儿孙；娇惯溺爱儿孙的人，从长远讲，反倒是害了儿孙。

【原文】

望儿成立，怕儿不才，动其畏心，绝其祸胎。

【白话】

盼望儿子长大成人，又怕儿子无德无才，就要使他心里知道畏惧害怕，从而断绝他惹事闯祸的根源。

【原文】

松下生松，柏下生柏；近朱者赤，近墨者黑。

【白话】

松树下边生长松树，柏树下边生长柏树，接近大红色的会被染红，接近墨黑色的会被染黑。

【原文】

横天塞地，一个孝字；震古烁今，一件难事。

【白话】

能充塞天地之间的，是不忘本根的"孝"字；真正能做到"孝"，就能感动天地神鬼，无愧于古人又传名于后人，但这是很不容易做好的一件事。

【原文】

友以成孝，孝以兼友，薄兄弟者，薄其父母。

【白话】

对兄弟友爱用来辅助尽孝，孝敬父母就包含着对弟兄要友爱，对兄弟不好的人，肯定对他的父母也不好。

【原文】

妇人之言，非不可听，怕以长舌，济其阴性。

【白话】

家庭中妇女的话，也不是不能听听，怕的是长舌妇拨弄是非，助长她们忌妒刻薄的品行。

【原文】

枝枝叶叶，一树一根；同宗共祖，难疏亦亲。

【白话】

树枝与树枝，树叶与树叶，只要是同一棵树也就同一条根；人们既然是同宗支共祖宗，难以区分远近亲疏，就应该同甘共苦，互相扶持。

【原文】

有礼之家，可以联姻；可讼之乡，可以结邻。

【白话】

有礼教的人家，才可以与他结为亲家；没有诉讼纠纷的乡里，才能居住而结为邻居。

【原文】

富贵贫贱，几人看破，这个关头，先要打破。

【白话】

人生的贫富贵贱，世上有几个人把这些看破了？贫富贵贱，变化不停，应随顺自然，打破世俗贫贱富贵的观念，追求人生真善美的真谛。

【原文】

贫贱者多，富贵者少，都要富贵，天也难了。

【白话】

世上贫穷微贱的人很多，而富有高贵的人很少，如果人人都想要又富足又要高贵，上天也会为此事而作难。

【原文】

处贫贱易，处富贵难，贫贱之富，事少心闲。

【白话】

处在贫穷微贱的地位容易，处于既富有又高贵的地位则很难；贫穷微贱的人们的最大好处，就是事情头绪少而心里安闲。

【原文】

富贵场中，变故实多，一有不测，立见风波。

【白话】

追求功名富贵的权利场中，突然而来的变故实在太多，稍有一点风云变幻，立刻就会出现一场轩然大波。

【原文】

富贵场中，机心特甚，一有不平，立成陷阱。

【白话】

追求功名富贵的权利场中，阴谋诡计特别厉害，稍有一点不同的看法或意见，就立刻有人给你布置陷阱。

【原文】

利为利役，势为势屈，富人仓皇，贵人局促。

【白话】

追求财利的为财利所役使，追求权势的为权势而屈节，有钱财的富人因钱财而疑虑重重，仓皇终日；有权的达官贵人因权高位显而整天忧心忡忡，局促不安。

【原文】

纨绔之习，腥膻之气，富贵人家，薰于势利。

【白话】

富贵人家公子哥儿身上的习气，就像牛羊身上的腥膻气，这是在富贵人家的环境中，被权势和铜臭薰染所造成的。

【原文】

炎炎隆隆，毒以所钟。虫生柱中，孰知其虫。

【白话】

肌肤上时有红肿隆起，那是病毒所造成的。虫生存在蛀空的柱子中，谁知道那里边有虫子。

【原文】

贵盛富厚，罕能百年；不如贫贱，其流涓涓。

【白话】

历代的达官贵人富有而显赫，但很少有能保持百年不衰败的；反倒不如贫贱的平民百姓，就像涓涓的细流一样永远存在。

【原文】

徇末忘本，弃内营外，所得者小，所失者大。

【白话】

为了追求小利而忘记了根本，放弃了自己的责任而钻营别人的事，所得到的东西是微小的，而所失去的东西却是很重大的。

【原文】

人之所欲，非我所欲，不求有余，自无不足。

【白话】

人们所想要得到的，不是我所想要得到的，人们只要不追求有剩余，生活中自然会感到满足。

【原文】

淡淡薄薄，朴朴素素，食不厌蔬，衣不厌布。

【白话】

生活要淡泊而不追求享受，一生要朴素而不追求奢侈，食物不要厌弃蔬菜，衣服不要嫌弃粗布。

【原文】

孝养父母，有儿教儿，眼前生计，勿荒于嬉。

【白话】

孝敬赡养父母，生养了儿子就要好好教育儿子，眼前的工作要抓紧，不要漫不经心地荒废了。

【原文】

只图佚乐，定不快活。能耐劳苦，心无痛楚。

【白话】

只图尽兴地寻高兴找快乐，这样一定得不到真正的快活。只有经过辛勤劳动得到的，心中才会感到安然无愧的快乐。

【原文】

日出而作，日入而息。第一等人，自食其力。

【白话】

太阳一出来就开始劳动，太阳落山后才回去休息。这是天下最自在而高尚的人，因为他们是自食其力的劳动者。

【原文】

懒人懒病，无药可医；不瘫不痪，惰其四肢。

【白话】

懒人好吃懒做害懒病，是没有药可以医治的；既不是瘫痪不能动，也不是缺胳膊少腿不方便，而是由于手脚太懒。

【原文】

身有所属，心有所系；若无执业，何所不至。

【白话】

个人应有一定的从属，心思应有一定的目标和禁忌；如果没有从事正当的职业，又有什么坏事干不出来呢？

【原文】

东倒西歪，七颠八簸；水性杨花，万难结果。

【白话】

听张向东到，听王向西歪，轻浮简单没有主见，就像那水性杨花无常性，这样干什么都难于取得成绩。

【原文】

年少力强，急须努力，错过少年，老来着急。

【白话】

人在年纪轻精力好的时候，就必须抓紧时间努力学习，错过了人生的少年时光，老了干着急也没有办法。

【原文】

民分为四，各技各艺，欲善其事，必致其志。

【白话】

老百姓分为士、农、工、商四类，各行有各行的技巧与学问，想要把某一行事情干好，必须将志向立在某一方面。

【原文】

只怕不勤，不怕不精，只怕无恒，不怕无成。

【白话】

人生只怕不勤奋，不怕不精通和不熟练，人生只怕干事没有恒心，不怕干事情不会成功。

【原文】

绳锯木断，水滴石穿，由来者渐，只是一专。

【白话】

绳子能将树木锯断，一滴滴水能将石头滴穿，虽然水滴和绳锯的力量微小而速度很慢，但是它们却专一无二毫不间断。

【原文】

天生之物，可用者众；天生之人，必有所用。

【白话】

自然产生的各种事物，能用的事物很多很多；自然既然创造了众多的人，就必然各人有各人的用场。

【原文】

生贫贱家，当知自力；生富贵家，岂遂自逸。

【白话】

出生在贫穷的平民家庭，应当知道自力更生，丰衣足食；出生在富有高贵的家庭，难道就应该奢侈安乐游手好闲？

【原文】

第一可丑，坐享庸福，酒囊饭袋，行尸走肉。

【白话】

天下最可耻的，就是不劳动而享受成果的人，这些人就如同酒囊饭袋一样，又像一具能行动的尸体和能走路的臭肉。

【原文】

有穿有戴，又醉又饱。不怕过分，专要爱好。

【白话】

穿金戴银徒有外表，酒足饭饱更求珍肴，不怕伤天害理太过分，专心享受讲爱好。

【原文】

一切器具，色色精致，物盛人衰，物坚人脆。

【白话】

所用的一切器物用具，追求样样精美件件好，结果事物华贵人品卑贱，东西坚固人寿短暂。

【原文】

高门广厦，以为安宅，屋是主人，人却是客。

【白话】

门楼高大房多院深，人们以为这是好住宅，实际上房屋成了主人，人却往往成了匆匆过客。

【原文】

月不常圆，日不再中；泰则必侈，侈则必穷。

【白话】

月亮不经常圆，太阳不会一日两次挂中天；富贵安乐就必然奢侈，而奢侈过度又必然导致穷困。

【原文】

今之所享，前之所积，无奈痴儿，不知爱惜。

【白话】

现在所享受的财富，都是以前辛苦积累的。可惜傻孩儿随便浪费，一点都不知道爱护珍惜。

【原文】

痴儿不痴，乃翁实痴，躬自积之，何不散之。

【白话】

不懂事的孩子并不傻，你这个父亲才真正傻，辛勤劳动自己积攒下，为什么不自己分散它。

【原文】

家有余银，族有贫人。厨有剩饭，途有饥汉。

【白话】

家里有剩余的银钱，宗族中却有贫穷的人，厨房里有吃不完的剩饭，路旁有饿肚子的可怜人。

【原文】

不痛不痒，一彼一此，将心比心，知己知彼。

【白话】

对别人的不幸既不同情也不关心，他人是他人，自己是自己；如果将别人的不幸权当是自己的不幸，假设自己的心情是那人的心情，这样就能知道自己也了解别人。

【原文】

人到穷时，老天也穷，能拯人者，能代天工。

【白话】

人到穷困潦倒的时候，老天爷也没有办法；这时能拯救人于难中的人，就能代替苍天做事情。

【原文】

拙人守拙，天之所怜，你照看他，他有二天。

【白话】

笨拙的人拥有的是笨拙，连苍天都可怜笨拙的人；你如果能照顾笨人一些，笨人就等于头上有了两重青天。

【原文】

正人守正，天之所喜，你帮扶他，天也爱你。

【白话】

正派的人坚持正大光明的道理，这是皇天所喜欢的，你如果能帮助扶持正派的人，皇天也会喜爱你。

【原文】

勿谓人穷，由于不才，正惟不才，益觉可衰。

【白话】

不要说别人贫穷，贫穷是因为没有才能，正因为没有才能，才更叫人觉得可怜。

【原文】

勿谓人穷，我亦不丰，我纵不丰，未是奇穷。

【白话】

不要说别人贫穷，你自己也不是很富有；自己虽然不是很富有，但终究不是特别贫穷的。

【原文】

济众固难，要有所济，见人垂危，乌能坐视。

【白话】

周济到所有的穷人固然做不到，但是总应该周济一些穷人；你见穷人生命垂危，怎么能坐视不救毫不怜悯？

【原文】

厚施固难，不施不得，千钱百钱，亦可解厄。

【白话】

大量地周济施舍固然办不到，但不施舍也就得不到神灵的佑助，即使是施舍一千文钱或一百文钱，也能解决穷人的一定困难。

【原文】

养人者田，害人者钱，钱之为物，人皆殉焉。

【白话】

养活人们的是田地，带给人危害的是金钱，金钱本来只是为了服务的物品，许多人却为金钱而葬送了自己。

【原文】

出之自我，一滴不漏；取之于人，惟嫌不够。

【白话】

从自己这里拿出去，一点一滴都不多出；从别人那里取回来，却总是嫌取得不够。

【原文】

便是锱铢，也觉有益，眼孔太小，心计太密。

【白话】

有的人看一文一分，也觉得重大的不得了，这些人眼孔太小目的太浅，计谋太多而心肠太短。

【原文】

越有越贪，不多不快，盖棺之时，一钱难带。

【白话】

不少人越富有越贪婪，钱财不多不快乐，岂知等他们死后装入棺材，却是一分钱也难于带走。

【原文】

我所应有，有而不有，留与儿孙，从容消受。

【白话】

自己所应该拥有的钱财，有了也等于没有，最后是留给了儿孙，慢慢花销使用。

【原文】

非所应有，不可强索，人既不愿，我亦何乐。

【白话】

不是自己应该享有的钱财，不能靠人多势众去强夺，强求时别人并不愿意给予，自己又能得到什么快乐？

【原文】

非所应有，不可隐取，诡而得之，是谓盗矣。

【白话】

不是自己应该得到的钱财，也不能用阴谋诡计来巧取，用阴谋诡计而得到的东西，这和偷盗来的没有不同。

【原文】

蜣螂转丸，以粪为香；扑灯之蛾，但见灯光。

【白话】

屎壳郎专门转玩粪丸，因为它认为粪便香；扑赶灯火的飞蛾，只看见闪亮的灯光。

【原文】

刀头著蜜，酒中置鸩，心既甘之，可舔可饮。

【白话】

刀刃上涂抹上蜂蜜，美酒中掺拌下毒药，心里却认为它甘甜醇美，可以舔舐可以痛饮。

【原文】

欲因利炽，利令智昏，人为利诱，生入鬼门。

【白话】

私欲随着财利而炽热膨胀，贪图财利又使头脑发昏，人一旦被财利所引诱，活着就已进了鬼门关。

【原文】

敬人人敬，自敬其身。人生一世，畏敬于人。

【白话】

尊敬别人的人到处受人尊敬，尊敬别人实质也是尊敬自身。人活一辈子，都应谨慎小心而尊敬别人。

【原文】

漫说尊长，漫说先达，但是个人，总难抹煞。

【白话】

随便评说长辈和老人，肆意褒贬先贤和名人；应知只要是个人，总有难以抹煞的地方。

【原文】

谦谦君子，恭而有礼，小人不然，傲慢而已。

【白话】

谦虚和蔼而品德高尚的人，与人交往恭敬谨慎有礼貌；品德低劣的小人却不是这样，与人交往傲慢自大没礼貌。

【原文】

有意慢人，人必难堪；无心之慢，亦讨人嫌。

【白话】

故意怠慢别人，别人必然觉得难为情；无意中慢待了别人，也让人感到讨厌。

【原文】

必颠必蹶，必倾必折，侈然自肆，夷然不屑。

【白话】

这样做必然要跌跟头摔大跤，必然要受挫折吃大亏；由着性子胡作非为，这等小人不值得交结。

【原文】

人不尽愚，我岂独贤，如云富贵，尤属偶然。

【白话】

别人并不是全都愚蠢，也不是只有你自己聪明能干，人生富贵就如同过眼的烟云，你今生得到也是属于偶然。

【原文】

但有作用，意量必深；但有受用，气味必醇。

【白话】

所以一旦能发挥一点作用，识见就应深远一些，度量就应宽广一些；所以一旦有了一些享受，就应认为这已经够奢侈了。

【原文】

被人看破，只为自大；被人料到，只为自小。

【白话】

被旁人看透而瞧不起，只是因为你太自大；被别人预料得非常准确，是因为自己太简单肤浅。

【原文】

人与人接，断难如意。一个单方，总不动气。

【白话】

社会上人和人接触，绝对不会事事顺心如意。给你开个单方，就是不论啥事都不要生气。

【原文】

愚人贱人，倘或我慢，却要恕他，他实愚贱。

【白话】

愚昧的人或地位低下的人，假如偶然怠慢了自己，也一定要宽恕原谅他，因为他既愚昧而又低贱。

【原文】

势利中人，倘或我慢，势利而已，又何足算。

【白话】

在追求权势与钱财的人中，如果有人怠慢了自己，应该想到这些只是势利小人，与势利小人有什么值得计较的。

【原文】

人之悍者，我当思难；人之黠者，我当思患。

【白话】

与蛮横强悍的人交往，自己应考虑可能出现的困难；与聪明又狡猾的人交往，自己应思考可能隐伏的麻烦。

【原文】

偶尔抵触，亦事之常，定要较量，自取烦恼。

【白话】

偶然与人有所碰磕抵触，也是世上最常见的事情，如果也认真起来定要较量，其实是没事而自己寻找烦恼。

【原文】

我认为圆，人以为方，方则方耳，于圆何伤？

【白话】

自己认为是圆的，别人认为是方的，说是方的就算是方的，对于圆的有什么损伤？

【原文】

人无可疑，而我疑之，疑鬼鬼现，疑贼贼随。

【白话】

别人本来没有可怀疑的地方，而自己却硬要怀疑别人，疑神疑鬼结果神鬼找你了，怀疑别人都是贼结果真正的贼就盯上了你。

【原文】

彼此生疏，何隙何衅，衅隙之生，由于昵近。

【白话】

人们彼此之间关系生疏，又怎能会产生矛盾和仇怨？矛盾和仇怨产生的原因，是由于人们彼此关系太密切了。

【原文】

愈理愈纷，愈转愈深，不如罢了，闭口闭心。

【白话】

越想理清是非就越杂乱，矛盾是非反倒越发展越深。不如罢手任它去，既不说它也不想它。

【原文】

肝气易动，心气难平，肝木心火，自焚其身。

【白话】

肝气容易激动，心情难于平静。肝属木而心易发火，一旦肝火怒盛就要损害自己的身体。

【原文】

芝兰之生，杂于众草；凤凰所止，从以百鸟。

【白话】

灵芝和兰草的生长环境，是野草芜杂的地方，凤凰所止栖的地方，会跟来各种飞鸟陪伴。

【原文】

是个吉人，一团和气，饮人以和，令人自醉。

【白话】

要是一个人是好人，就会表现出一团和气，与人总是和善相处，令人不知不觉地喜欢上他。

【原文】

树树有皮，人人有脸，见人破绽，替人遮掩。

【白话】

不管什么树都有树皮，不管什么人都有脸面，看到别人的失误或漏洞，就应替人补台和遮掩。

【原文】

直不自直，白不自白，见人冤枉，替人分别。

【白话】

正直的人不会自己标榜自己正直，清白的人不可能自己证明自己清白，遇见没有罪的人受了冤枉，替他们辨明曲直洗清罪名才显出正直和高尚。

【原文】

视人之事，如己之事，既应承他，有一无二。

【白话】

看待别人的事情，如同自己的事情，既然已经答应了别人，就应该说到做到绝不食言。

【原文】

随处度人，一钱不费，与子言孝，与弟言悌。

【白话】

随时随地都可以劝导帮助人，不用花费一分钱，与子侄辈的讲孝敬父母，与平辈的谈顺从兄长。

【原文】

凡与人言，词气从容，规人劝人，人也乐从。

【白话】

凡是和别人说话，语气要委婉和平，这样就是劝说批评别人，别人也愿意听从。

【原文】

爱我誉我，见我揄扬，承以惶愧，谢不敢当。

【白话】

别人喜欢我而给我好的评价，见了我就赞扬我；对此自己应该惭愧恐惶，表示感谢而不敢承当。

【原文】

说我不是，道我不好，虚心领受，反而自考。

【白话】

别人说我做得不对，讲我的缺点和毛病，对此自己应该虚心接受，回到家中检讨改正。

【原文】

汪汪之量，海纳百川；皎皎之心，日丽中天。

【白话】

有汪洋一般的度量，就能像大海一样容纳所有的江河；有光明正大的思想，就能像天上的太阳一样光亮。

【原文】

天理良心，常言如此，昧了天良，忍心害理。

【白话】

天地间自然的道理与善良的心地，人们常说"天理良心"这句话，而有的人却无视道义和良心的谴责，黑着心干那伤天害理的事情。

【原文】

人之感人，所入者深，岂有异术，只是实心。

【白话】

有的人其所以能感动别的人，关键是他们影响能深入到别人的心里，并不是他们有神奇的方法，只是做事与对待人真心实意罢了。

【原文】

实心实肠，鬼也信你；巧于骗人，骗的自己。

【白话】

对别人总是真心实意，就会使神鬼也相信你；如果总是投机取巧欺骗别人，骗来骗去的结果是骗了自己。

【原文】

遇事生风，七嘴八舌，他人之事，于己何涉？

【白话】

遇到一点小事就捕风捉影，七嘴八舌地拨弄是非，这是别人的事情，与你自己有什么关系？

【原文】

无中生有，胡说乱道，嚼舌而死，眼前现报。

【白话】

本来没有的事情硬说成有，不负责任地胡说八道，有的人因胡说而犯了死罪，这是现实对拨弄是非的惩罚。

【原文】

以计陷人，人莫能脱，恶人大者，陷人于恶。

【白话】

用诡计来陷害别人，没有谁能够完全逃脱，最阴险凶恶的人，往往最爱诬陷别人阴险凶恶。

【原文】

助恶长恶，小人之尤，因风纵火，火上浇油。

【白话】

帮助恶人而助长邪恶势力的，是最卑鄙的势利小人；他们煽阴风点鬼火，给雪上加霜，给火上浇油。

【原文】

树怕剥皮，人怕伤心；冤家路窄，无处躲身。

【白话】

树木怕的是被剥掉树皮，人怕的是被伤了心；互相有仇怨的人极容易碰见，碰见了就天地容身。

【原文】

凡灾人者，人反灾之。君子必慎，慎其所施。

【白话】

凡是给别人带来灾难的，别人反过头来就要报复他。所以做人必须慎重，所做的每一件事都要慎重。

【原文】

谄人媚人，行同言侩，乞丐性情，倡优体态。

【白话】

拍马溜须谄媚权贵的人，其行为如同市侩小人，品行如同沿门乞讨的乞丐一样，体态表情又像是个倚门卖笑的娼妓。

【原文】

羞不知羞，怪不知怪，但得人怜，自以为快。

【白话】

本来是羞耻却不知道这是羞耻，本来是不正常的却不知这是不正常，只要能博得众人的可怜，就自以为很快乐。

【原文】

势利中人，无所不有；名教中人，切须有守。

【白话】

追求权势和财利的人，什么样的怪人怪事都有；读圣贤书而明礼法的人，一定要保持高尚的道德品质。

【原文】

何谓秀才，何谓孝廉？顾名思义，能否无惭。

【白话】

什么人才能叫秀才？什么人才可称孝廉？根据名称来分析它的含义，检查自己称为秀才、孝廉惭愧不惭愧。

【原文】

一第一官，何足为荣？俗眼俗口，说是功名。

【白话】

考中进士得了一官半职，有什么值得荣耀的？在庸俗人的眼中和口中，说这是取得了功名，认为很荣耀。

【原文】

功名二字，谈何容易，功在天下，名在后世。

【白话】

其实说到取得"功名"二字，并不是一般人说的那样容易，"功"在于能给国家有所建树，对天下人有所奉献，"名"在于后世人对他的赞扬与纪念。

【原文】

小用小效，保惠一方，有功可纪，其名亦彰。

【白话】

做地方官就能在当地见效果，使该地区的百姓得到安宁与实惠，这样有功绩可以记载，他的名字也随着传扬。

【原文】

果有经济，必有器局，器局宏深，自然拔俗。

【白话】

如果真有使国家富强百姓安康的才能，就必然有志向和抱负，如果志向深远而抱负宏大，就会自然超越一般的人而显现出来。

【原文】

抱负在先，功名在后，随地设施，平时讲究。

【白话】

先有远大的抱负，其后才能建立功绩而扬名，这些要根据不同的情况来确定和进行，但平时却要经常分析和研究。

【原文】

不能则学，不知则问，耻于问人，决无长进。

【白话】

不会就要学习，不懂就要问人，认为问人是耻辱的人，肯定没有多大长进。

【原文】

两眼要明，明于认人，不可狎者，可宗可亲。

【白话】

两只眼睛要明亮，眼睛明亮便于识辨人，那些稳重正直不轻浮的人，是可以学习可以接近的人。

【原文】

饥而食粥，粥可省费；困而读书，书可益智。

【白话】

遇上饥荒要吃稀饭，因为吃稀饭可以节省粮食；人在穷困潦倒的时候要读书，因为读书可以增长人的智慧。

【原文】

以书益智，智在明理，理之大常，礼义廉耻。

【白话】

用读书来增长智慧，而增长智慧的目的是为了明白道理，最根本的道理，就是礼、义、廉、耻。

【原文】

见得理明，信得命定，胆壮气足，物皆退听。

【白话】

能深刻地认识天地间的道理，确信苍天所赋予自己的使命，正气浩大肝胆磊落，对外界的各种引诱毫不理睬。

【原文】

何贱何贫？只要成人，有品不贱，有学不贫。

【白话】

什么叫卑贱什么叫贫穷？只要生成一个人，有高尚的道德品质就不卑贱，有丰富的学问就不贫穷。

【原文】

不为良相，当为良医，医固可为，不如蒙师。

【白话】

不做贤能的宰相，就应当做一个高明的医生，做医生固然能治病救人有所作为，但是还比不上做个启发儿童智慧的老师功德深远。

【原文】

人生百年，始于龆龀，不培其根，必染邪症。

【白话】

人生一辈子，都是从小孩子开始的，不在小时候打下深厚的基础，长大后必然染上种种毛病。

【原文】

圣贤之言，百症俱详，不得良师，不显良方。

【白话】

圣贤的书籍和理论，将人生各种各样的弊病都讲清楚了，但如果得不到好的老师来教学，就显示不出它们的正确。

【原文】

书所云云，归到身心，随事指点，入之也深。

【白话】

书上讲的很多，总归到一个人的身上和心里，就要随时地根据不同情况加以指点，这样对书中内容才能理解深透。

【原文】

勤勤善导，小子有造，世多善人，良师之效。

【白话】

老师善于引导而认真负责，这是学生的造化，世上的好人多，这就是老师教育的功劳。

【原文】

十二时中，莫欺自己，最着紧处，鸡鸣而起。

【白话】

一天十二个时辰中，都不要自己欺骗自己，最要紧的地方，就是天刚亮就要起床。

【原文】

一有邪念，立即斩断；断了念头，再休牵绊。

【白话】

一旦有了错误的念头，就要立刻消灭掉；斩断了错误的念头后，就不要受杂念的影响。

【原文】

非不自知，无奈自恕，恕一恕再，走入邪路。

【白话】

有的人并不是不知道自己错了，只是自己原谅自己，这就没有办法了，一次又一次地原谅自己，发展下去肯定要走上邪路。

【原文】

自攻自治，我不我容，绝大智慧，真正英雄。

【白话】

有了错误自己能监督自己改正好，而且自己不容许自己再犯错误，这是最大的聪明智慧，而有了这点能力的人才是真正的英雄。

【原文】

贪不如廉，巧不如拙；躁不如静，辩不如默。

【白话】

贪婪不如廉洁，取巧不如踏踏实实，急躁不如安静，好辩不如沉默。

【原文】

宁重勿轻，宁缓勿迫；宁厚勿薄，宁宽勿窄。

【白话】

干事情宁可将困难想得大些也不要轻视，宁可缓慢一些也不要慌忙，待人宁可厚诚些也不要皮薄，解决矛盾宁可宽大些也不要把事做绝。

【原文】

谨守三戒；戒之在色；戒之在斗；戒之在得。

【白话】

应该谨慎地戒备三点：一是不要好色，否则玩物丧志，二是不要好斗，否则有伤和气，三是不要只想得到，否则患得患失干不成大事。

【原文】

切须小心，战战兢兢，如临深渊，如履薄冰。

【白话】

总之为人一定要事事小心谨慎，处事要有战战兢兢的惧怕感，就像面临深渊，又像踩着薄冰过河一样。

六 言

【原文】

五行之属三千 ①，罪莫大于不孝。
世俗不孝者五，先要儿曹知道。

【白话】

五行产生世界万物，罪孽深重莫过于不孝。人世间不孝有五，你们这些人先要知道。

【原文】

外人不算同气，同气只此兄弟。
弟兄能有多少，十个八个更好。

【白话】

外族人算不上同宗同根，同宗同根者只有兄弟。一个人能有几个弟兄，十个八个多多益善。

【原文】

一体分为五指，指头或短或长。
长短无非手足，弟只切莫参商 ②。

【白话】

一手（足）分为五指，指头有长有短。长短只有手（足）指，兄弟之间切莫争长论短，以至不睦。

【原文】

兄弟亲戚朋友，失欢多为谗言。
小人工于离间，勿为小人所谩。

【白话】

兄弟、亲戚、朋友之间，关系破裂多是因为他人的谗言。小人们善于挑拨离间，切不可被小人们欺哄蒙骗。

【原文】

妇人儿子奴仆，最多一面之辞，
轻听必然惹祸，祸来躬自当之。

【白话】

妇人、儿子、仆人的话，最多只是他们的一面之词，不可轻易相信，否则必然惹来灾祸。一旦灾祸临头，只好自身承受。

【原文】

祖父官大门高，儿孙意气自豪，
多少潭潭第宅，转眼化作蓬蒿。

【白话】

祖辈们官大门高，后代儿孙们自然意气风发、感到自豪。岂不知多少宏伟华丽的府第，转眼间灰飞烟灭，化作荒郊野草。

【原文】

前人纵有功德，也难向人夸耀。
后人不及前人，旁人说你不肖。

【白话】

前辈人纵有很大的功德，也不可向他人夸耀。自己的功德一旦不及前人，就会被人讥为不肖子孙。

【原文】

读书专习文字，文字专求科第。
一心指望做官，误了许多子弟。

【白话】

读书只知道钻研文字，钻研文字只是为了科考中第。一心全指望高官厚禄，这中间不知误了多少人的前程。

【原文】

做官非图富贵，有君有国有民。
若是一无好处，不如做个乡人。

【白话】

做官不能光图荣华富贵，要为君分忧、为国解难，为民除弊兴利。若是一无是处，不如做个农夫。

【原文】

子弟先要醇谨，醇谨自然端正。
少小便逞聪明，聪明不如愚钝。

【白话】

小孩子首先要淳朴恭敬，淳朴恭敬举止自然就会端庄。小小年纪便在他人面前逞能，这样的孩子还不如头脑迟钝的人。

【原文】

人生福泽之源，端在精神纯固。
纵有学问文章，只是深沉不露。

【白话】

人生欲求福利恩泽，首先在于品行纯正。纵然学识非常渊博，也要虚怀若谷，深沉不露。

【原文】

不容冒者才子，不可居者名士。
一味轻薄癫狂，桃花柳絮而已。

【白话】

文人才子不可大吹大擂，名士达人不可居功自傲。不知自珍自重，一味轻薄癫狂，最终将像桃花柳絮那样凋谢飘零。

【原文】

身非豢养不肥，家非刻薄不富，
与其富也宁贫，与其肥也宁瘦。

【白话】

身体肥壮是因为他人的豢养，家庭富裕是由刻薄而来，这样得来的富裕还不如贫穷，这样的肥壮还不如瘦弱。

【原文】

世重有贝之才，财非无用之物。
愚人以之贾祸，智者以之造福。

【白话】

世人都很看重钱财，钱财并非无用之物。愚蠢者用它来招致祸殃，聪明者用它来为民造福。

【原文】

钱多正好行善，只要积而能散。
积善也如积钱，一文凑到一串。

【白话】

有钱正好积德行善，钱财要能积能散。积德行善就像积钱一样，日积月累会功德无限。

【原文】

放着好事不做，反道善门难开。
开门也自容易，有财岂患无才。

【白话】

放着眼前的好事不去做，反道说善事难做。做善事也很容易，只要你有钱财，就无须担心没有施舍行善的地方。

【原文】

只有锦上添花，哪有雪中送炭。

看破这般世情，落得做个铁汉。

【白话】

锦上添花者应有尽有，雪中送炭者屈指可数。看破这般世态人情，也好做个顶天立地、无求于人的铁丈夫。

【原文】

忮心最是难平，须知不平则险。

丈夫不肯求人，胸次却无坑坎。

【白话】

人有嫉妒之心，必然心绪难平，心绪不平则易招祸。男子汉大丈夫不会轻易求人，却总是那样胸怀坦荡。

【原文】

身为子孙之根，心为万事之本。

人生心过实多，怕的最是狠心。

【白话】

身体是子孙万世之根本，心为一切事情之本原。一个人一生的过错很多，最怕的莫过于手辣心狠。

【原文】

一事不肯放松，一言必图报复。

外面声息俱无，岂知里面最毒。

【白话】

任何于己不利之事都不肯轻易放过，任何对己不敬之言都要寻机报复。表现看去毫无声息，怎知道内心里非常险毒。

【原文】

妄人最会怪人，奸人最会疑人，
其势必至枉人，其心俱可杀人。

【白话】

狂妄者最能怪罪人，奸诈者最爱怀疑人，这样势必冤枉人，甚至可以坑杀人。

【原文】

称人之恶则喜，道人之善则忌，
不愿人做好人，即此已为败类。

【白话】

听见讲别人的坏处就高兴，听见说别人的好处就嫉恨，不愿他人成为好人，只此已是人群中的败类。

【原文】

你看眼前的人，是人都觉不好。
你有什么好处，度量先已狭小。

【白话】

你看周围的人，个个都不顺眼。自己又有何能？度量先很狭小。

【原文】

或为遭际所迫，亦有识见之差，
大小替他原谅，那便指摘交加。

【白话】

别人的言行与己相左，或因际遇形势所迫，或因观念认识不同，大小要予以谅解，怎可不分青红皂白，随意指摘。

【原文】

一任无理取闹，只如不闻其声；
一任有心搬弄，只如不识其人。

【白话】

一任他人无理取闹，我自充耳不闻，闭目不见；一任他人搬弄是非，蓄意挑拨，我权当不识其人，不予理睬。

【原文】

人亦何所不有，糊涂必至荒唐；
事亦何所不有，横逆概属寻常。

【白话】

大千世界，何人都有，稀里糊涂者有之，荒唐透顶者有之；事情也是如此，故而横行霸道、胡作非为之事，实属寻常。

【原文】

衅由仓促而开，即时力制其忿；
忿由积渐而成，平时预弥其衅。

【白话】

仓促之间与人产生争端，当尽力克制自己，平息忿怒；忿怨由于长期积渐而成，平时当待人以善，使衅隙弥合。

【原文】

门外之仇易释，家庭之恨难消。
隐忍终须决裂，由来不是一朝。

【白话】

与他人之间的怨仇容易消解，家庭内部之间的矛盾反而难以清除。强忍宽容最终仍须决裂，由来不是一朝一日之事。

【原文】

既已黏皮带骨，万难一划两开。

最要留他情面，先须看破钱财。

【白话】

彼此既已皮肉相连，关系密切，就很难一刀两断，一下分开。凡事定要见机行事，留点情面，要想做到这点，首先要看破钱财。

【原文】

小人休与结怨，亦莫与之作缘。

声名怕为所损，还防事故牵连。

【白话】

不要与品行卑下的人结怨，也不要与之拉关系。怕只怕声名为其损坏，还须防因某事受其牵连。

【原文】

蠢人未必有心，其初顺口撒谎，

久之遂成惯病，无事不虚不冏。

【白话】

愚蠢的人未必有意撒谎，最初时常顺口撒谎，久而久之养成了坏习惯，什么事都爱编造谎言。

【原文】

亦有自以为能，事事都像精明，

白地落人圈套，一毫知觉不曾。

【白话】

有的人自以为能，总认为自己事事都很精明，眼睁睁落入他人圈套，竟然丝毫不曾觉醒。

【原文】

方才习这一艺，又要别操一技，
世事无不可为，白头不成一事。

【白话】

这一技艺刚学不久，不去学习别的技能，世上的事什么都想干，终了却事事不精、一事无成。

【原文】

一生委委靡靡，只是拖泥带水。
一旦真真切切，便可斩钉截钱。

【白话】

平常萎靡不振，意志消沉，说话办事拖泥带水，毫不干脆。一旦事情明了，真真切切，便可当机立断，斩钉截铁。

【原文】

身之灵也以心，身之强也以精，
失其心者悖理，耗其精者戕生。

【白话】

人心乃身体之灵魂，精力乃身体强健之根本，失去了灵魂便会违背常理，消耗其精力者等于自杀。

【原文】

君子庄敬日强，小人安肆日偷。
作伪心劳日拙，作德心逸日体。

【白话】

君子庄重恭敬日渐强健，小人安逸放任日渐衰弱。做坏事精疲力困日暮途穷，做好事心情舒畅怡神养精。

【原文】

行兵要有纪律，读书要有课程，

处事要有刀尺，立身要有准绳。

【白话】

行兵打仗有军纪，读书学习有课程，处事要有分寸，为人要有准绳。

【原文】

能伸先要能屈，能飞还要能伏。

能方妙在能圆，能直妙在能曲。

【白话】

一个人能伸先要能屈，既能展翅高飞，又能隐忍待机。为人方正固然很好，妙在能否圆通。为人正直当然不错，妙在能否委婉。

【原文】

心里十分关切，说人不可太甚；

心里十分透彻，说事不可太尽。

【白话】

内心虽然十分关切某人，但劝人时言词不可太激烈；心中对某事虽十分透彻明白，但向他人说明时不可说得太尽。

【原文】

意将炫己之长，必且为人所短。

枢机是以宜慎，锋芒是以宜敛。

【白话】

有意炫耀自己所长，必被他人责其所短。凡事之关键在于谨慎，锋芒不可毕露，只可收敛。

【原文】

急时易至慌张，定心且自思量；
疏处难得周祥，用心且自提防。

【白话】

事急容易慌张，一定要静下心来慢慢思量；办事粗疏难于周祥，一定要小心提防。

【原文】

险阻伏于平地，饥馑伏于丰岁。
丰勿狃以为常③，平勿狃以为易。

【白话】

险阻潜伏于平地之中，饥荒藏伏于丰收之后。丰岁不可习以为常，高枕无忧，平地不可掉以轻心，大步流星。

【原文】

破鼓可以救月④，破伞可以遮雨。
何妨补此破伞，且莫弃那破鼓。

【白话】

破鼓可以拯救月亮，破伞可以遮雨挡风。何不补此破伞，且莫弃置破鼓。

【原文】

心以不用而废，偏用则识亦蔽；
事以好谋而成，阴谋则孽必深。

【白话】

头脑不用就会荒废迟钝，用心不正则易糊涂懵懂；凡事因计划周详而成功，搞阴谋诡计则罪孽深重。

【原文】

人不能见鬼神，鬼神则能见人。

人心最是难测，鬼神洞见肝膈。

【白话】

人不能看见鬼神，鬼神则可以看见人。人心最为难测，鬼神则可以洞察人的内脏肝膈。

【原文】

鬼神喜人为善，有心之善亦旌；

鬼神恶人为恶，无心之恶亦惩。

【白话】

鬼神喜欢人做好事，即便成心做好事也会受到赞扬；鬼神厌恶人做坏事，即便无意之恶也要受到惩罚。

【原文】

莫言六道杳冥⑤，报应极是分明；

人间显有地狱，饿鬼畜生满目。

【白话】

不要认为六道遥远无踪，善恶报应极为分明；地狱道之人人世间同样有，饿鬼、畜生道之人更是满目皆是。

【原文】

岂独天道好还⑥，并觉人言可畏。

在在入耳惊心，都是严师酷吏。

【白话】

天道虽然容易还转，只是觉得人言可畏。句句刺耳令人心惊，犹如严师、酷吏一般。

【原文】

懵懂人唤得醒，难醒的聪明人。

人到自是自满，神仙点化不成。

【白话】

糊涂人可以使其醒悟，难醒悟的只是那些自作聪明的人。一个人到了自以为是自傲自满的地步，即便神仙也把他点化不开。

杂 言

【原文】

寸金寸阴，寸草寸心；世少百年之人，家有白头之亲。

【白话】

一寸光阴一寸金，"寸草"代表儿女一片孝敬父母心；世上少见年过百岁的老人，家家都有鬓发斑白的双亲。

【原文】

屋无梁则折，田无水则裂，灯无油则灭，家无好人则绝。

【白话】

房屋没有梁柱就会坍塌，田地缺乏水分就会干裂，油灯无油就要熄灭，家中无贤良就会衰落灭绝。

【原文】

妻好不在姿色，儿好不在嘴舌。

【白话】

妻好不在于姿容美好，儿好不在于能说会道。

【原文】

家庭有规矩，朝廷有法纪，官长要人远罪，爷娘要儿近理。

【白话】

家有家规应遵循，国有国法莫违犯；官府要人别犯罪，爹娘盼儿通情理。

【原文】

一身之元气足，则外邪不侵；一家之元气足，则外侮不凌。

【白话】

人的生机旺盛，则外来的邪气就难以侵害；家庭内生气勃勃，则不会受到外人的欺凌。

【原文】

月米一斗，可糊一口；百口也不嫌多，各有一艺在手。

【白话】

每月一斗米，能养活一个人；之所以家有百人不嫌多，就因为各人都有技艺在手。

【原文】

享福怕早，甜不宜少，苦不宜老。

【白话】

享福越迟越好，少年时最忌生活优裕，老年人最怕晚景凄凉。

【原文】

食用有余，断然不可积钱；学识不足，断然不可做官。

【白话】

吃用之外有盈余，千万不要积攒钱财；学问未达到高深，千万不要去做官。

【原文】

冤死莫告状，穷死莫借账。

【白话】

宁可蒙冤而死也别去告状，宁可受穷而死也别去借账。

【原文】

不欠债，大自在，大作恶，大快活。

【白话】

不欠他人债，安闲又自在，不把坏事做，数我最快活。

【原文】

冤宜解，不宜结；忿宜蠲，不宜泄。

【白话】

冤仇应当化解，最怕越结越深，忿怒应当自消，不应随便发泄。

【原文】

尤人不如自尤，求人不如自求。

【白话】

怪罪别人不如怪罪自己，乞求他人不如乞求自己。

【原文】

有性气的人，便死也敢；没筋骨的人，便死也软。

【白话】

血气方刚的人，死也死得勇敢；懦弱没有骨气的人，到死也是个软蛋。

【原文】

但是当做的事，切莫畏难；任是难做的事，只要耐烦。

【白话】

只要是应该做的事情，就不要害怕困难；无论是多么难的事情，只要耐心地去干。

【原文】

镜勿使垢，剑勿使锈，心不磨不透。

【白话】

镜子要经常除去尘垢，宝剑要时时防止生锈，心思要常动才能通达明晰。

【原文】

脚要处处踏稳，心要时时提醒。

【白话】

脚要处处踏稳方能避祸，心要时时提醒才会聪明。

【原文】

占小便宜吃大亏，仗小聪明无大成。

【白话】

贪占小便宜的人定吃大苦头，爱耍小聪明的人必无大成就。

【原文】

聪明才辩，不足羡也；老朽穷酸，不可厌也。

【白话】

聪明伶俐，多才善辩，本是小事，不足叹羡。年老力衰，穷愁潦倒，应当同情，不可生厌。

【原文】

一犬吠形，百犬吠声；细人以耳为目，浅人没口无心。

【白话】

一条狗看到影子狂叫，百条狗听到叫声纷纷附和；见识短浅的人把传闻当成亲眼所见，粗鲁浅薄的人毫无考虑信口开河。

【原文】

众口哓哓之时，多一句不如少一句；

众目眈眈之地，进一步不如退一步。

【白话】

众人争辩不休的时候，明智者少说为佳；众人眼睛盯着的地方，知趣者退避三舍。

【原文】

自高者危，自满者亏。

【白话】

自高自大的人处境危险，骄傲自满的人品行衰减。

【原文】

自晦莫自明，自重莫自轻。

【白话】

自甘寂寞切忌自我宣扬，自尊自重不必妄自菲薄。

【原文】

非平淡无以养性，非贞静无以定命。

【白话】

平和淡雅方能够修身养性，贞廉恬静才可以安身立命。

【原文】

命是自然之命，理是当然之理；

小人枉了做小人，君子落得做君子。

【白话】

命运是各种因素作用的结果，天理是万物遵循的道理；龌龊小人难改卑劣本性，坦荡君子总是以礼待人。

【原文】

头尖善钻，身轻善缘；舌长善舔，爪深善箝；贪馋婪酣，苟贱不廉。

【白话】

脑袋削尖善钻营，体态轻盈好攀缘；舌头长者善拍马，爪子长者抓得牢；贪得无厌欲念多，轻浮鄙贱不清廉。

【原文】

穷人穷命，低头枉拜财神；贱人贱相，开口便说贵人。

【白话】

穷人命运凄惨，却终日礼拜财神；贱人生就贱相，却张口自称贵人。

【原文】

闭户读书，尺步绳趋⑦，宁做书中之蠹，莫作人中之蛆。

【白话】

闭门苦读经书，言行循规蹈矩，宁做书中蛀虫，不做世上败类。

【原文】

可怜的才人薄命，可怕的文人无行。

【白话】

命运凄惨的佳人令人怜惜，道德败坏的文人最是可憎。

【原文】

但有铦锋无寸铁，以之杀人不见血，此何物哉？笔与舌！

【白话】

锋利无比不见铁，用它杀人没有血，要问这是甚物件？文人学士笔与舌！

【原文】

不顾人命，横取人财，心坏、身坏、名坏，坏尽还有后灾。

【白话】

不体恤他人性命，巧取豪夺他人财物，心眼坏，身体坏，名声坏，全都坏尽，日后还有灾。

【原文】

秽人闺门，败人名节，乱人嗣续，自失骨血，罪大恶极，难说难说。

【白话】

污辱别人妻女，败坏人家的声名节操，搞乱别家后代的血缘，丧失自家一脉骨血，真是罪大恶极，说起来让人齿冷。

【原文】

势相逼，名相齐，心相忌，力相挤，强者虽胜，终亦颠踬。

【白话】

势力彼此接近，声名不差上下，彼此相互嫉恨，竭力倾轧排挤，即使最终胜者，必已大伤元气。

【原文】

损他人之物，折自己之福；坏他人之事，作自己之祟。

【白话】

损毁他人财物，葬送自家幸福；败坏别人事业，难免心中有鬼。

【原文】

苟以心术之险，行于骨肉之间，天性太薄，天谴尤严。

【白话】

假若用阴险的手段，对付自家父兄骨肉，性情刻薄太甚，天理尤其难容。

【原文】

人悔过，天悔祸。

【白话】

人能追悔所犯的过失，天就会改变所降的灾祸。

【原文】

过而悔之，天岂罪之？悔之而未即改之，天犹姑待之。

【白话】

犯了过错而能悔悟，上天难道还会怪罪？有所悔悟哪怕不能马上就改，上天也会格外开恩耐心等待。

【原文】

孽之所不可活者，天之所莫能脱也。

【白话】

那些犯下不可饶恕的深重罪孽的人，上天也无法为他解脱。

【原文】

要明世故，要达时务。

【白话】

要明白为人处世的道理，要通晓迫在眼前的大事。

【原文】

若是见怪不怪，其怪自败；亦有当断不断，反受其乱。

【白话】

如果见到怪异之事不去大惊小怪，那么怪异之事就会自然消失；若是应当决断之时不当机立断，就会反受它的扰乱。

【原文】

不用僻，药不害，为良医；不押险 ⑧，韵不害，为好诗。

【白话】

不使用邪僻的方剂，药力不会对病人造成危害，就是一位好医生。不用艰僻难押的韵字，不伤害诗的音韵，就是一位好诗人。

【原文】

若无后着，决然不是高棋。

【白话】

走一步棋看一步棋，绝对不是高明棋手。

【原文】

峻怕狭，圆怕滑。

【白话】

性情严厉要防止褊狭，处事周全要防止油滑。

【原文】

口要缄得稳，舌要卷得紧，事到不得不言，言即无容徇隐。

【白话】

不要妄发议论，舌头要紧紧卷起，事到临头不能不说时，要说就不徇私情，毫不隐瞒。

【原文】

义所当为，人人共赴。岂可独为小人，甘与君子异路？

【白话】

正义的事，人人奋勇当先。岂能做区区小人，心甘情愿与君子离心离德？

【原文】

避害之心太明，究竟未必有害，甘受讥评，枉生机械。

【白话】

提防受到伤害的心思过于明显，到头来不一定受到伤害，只会招来他人的讥讽和非议，白白用了许多巧诈权谋。

【原文】

救人一命，胜造七级浮图；完人一家骨肉，乐于二十四考中书^⑨。

【白话】

救人一条性命，超过建造七层佛塔的功德；使他人一家骨肉团圆，其快乐胜过久做高官。

【原文】

抱着一段喜神，只觉世无可恶之人；含着一腔生意，惟愿人无不遂之事。

【白话】

遇着喜事临头，便觉着世上人都可亲可敬；逢着自家万事顺心，便盼着他人都没有忧心的事。

【原文】

奇之又奇，儿不怕老子，老子怕儿。

【白话】

世间事无奇不有，不是儿子怕老子，反是老子怕儿子。

【原文】

好酒者十之一，好色者十之七，好财者十而十。

【白话】

十个人中只有一人好酒，十个人中却有七人好色，十个人中更有十人贪财。

【原文】

有钱而啬钱，有官而辱官，读书不知书，三般大糊涂。

【白话】

十分富有却很吝啬，身居官位却辱没本职，终日读书却不知书中真意，这是三类十足的糊涂蛋。

【原文】

忽忽一日，匆匆一生，到头成件甚事？到底算个甚人？

【白话】

不知不觉一天过去，匆匆忙忙一生了结，到头来有何成就？让后人如何评说？

【注释】

①五行：古人把金、木、水、火、土五种物质称为五行，认为五行相生相克，世界万物由五行演化而来。

②参商：二星名。参在西，商在东，此出彼没，永不相见。后因用以此喻兄弟不睦。

③狃：因袭，拘泥。

④破鼓救月：古人把月食误以为天狗吃月。当月食发生时，所有的人敲锣打鼓以吓退天狗，拯救月亮。

⑤六道：佛教用语。佛教把人分为六类，分别为天道、人道、阿修罗道、饿鬼道、畜生道、地狱道。每个人因其所作善恶不同而在此六道中升沉轮回。

⑥天道：如前。天道是六道中最高一类。

⑦尺步绳趋：行动合乎法度，也就是说为人处事小心谨慎，循规蹈矩。

⑧不押险：险，险韵，一种韵字艰僻难押的诗韵。不用险韵作诗。

⑨二十四考中书：据《旧唐书》记载，郭子仪在乾元元年（758）至建中二年（781）间长期担任中书令之职，共主持过对官史的考绩二十四次。"二十四考中书"便被后人用来指某人长期身居显位。

◇ 二十四孝 ◇

【题解】

在中国的封建社会，自从儒家思想成为统治思想之后，历代统治者都把提倡孝道孝行作为立身孝民的根本，建国治邦的基础，而不断地旌表褒奖孝子，为他们立传。《二十四孝》正是在这种历史文化背景下广为流传的。

《二十四孝》是根据虞舜、汉文帝、曾参、闵损、仲由、郯子、董永、江革、老莱子、蔡顺、黄香、姜诗、王祥、吴猛、郭巨、陆绩、丁兰、王裒、孟宗、唐夫人、朱寿昌、庾黔娄、杨香和黄庭坚等二十四人的"孝行"传说编成的。成书于元代，相传为郭居敬所编。此后，刊行了多种版本。

《二十四孝》流传很广的原因，除了历代封建统治者提倡、宣传之外，和劳动人民尊老敬老的优良传统也有一定的关系。作为历史的产物，由于时移境迁，其中一些内容已不合时宜了，但它的核心思想——敬老爱老尊老的思想，仍符合现今社会所提倡的社会道德规范。我们希望广大读者剔其糟粕，存其精华，从中吸取有利于自身和社会的养分。

孝感动天

【原文】

虞舜①，瞽瞍②之子，性至孝。父顽，母嚚③，弟象傲，皆欲杀舜。舜耕于历山④，有象为之耕，有鸟为之耘，其孝感如此。帝尧⑤闻之，事以九男⑥，妻以二女⑦，遂以天下让⑧焉。

【注释】

①虞舜：是我国古史传说时代中五帝之一，号有虞氏，姓姚，名叫重华。幼丧母，父亲喜欢后母和幼弟象。舜孝闻天下，后受禅为天子，在位四十八年，死后，葬在今湖南省宁远县境的九疑山。

②瞽瞍（gǔ sōu），也称为瞽叟。

③嚚（yín）：奸诈，凶顽。

④历山：山名，又叫雷首山，在山西永济县境。

⑤尧：是我国古史传说时代的著名君王，五帝之一。

⑥九男：指尧的九个公子。

⑦二女：指尧的两个女儿，即娥皇和女英。

⑧让：指禅让，即帝王把帝位让给别人。

【白话】

虞舜是瞽叟的儿子，孝敬父母，受护兄弟。（他的）父亲愚昧无知，（继）母又不喜欢他，兄弟象也时时算计他，（他们）都想害他。舜在历山耕种庄稼，大象替他耕地，鸟类替他播种，他的孝敬之情感动了上天。尧听说了这些事以后，让他自己的九位公子和舜交往，（来看舜处理社会事务的能力）；将他的两个女儿——娥皇和女英嫁给舜，（来观察舜治家的才能。）（后尧觉得舜这个人还可以），便让舜当了首领。

戏采娱亲

【原文】

周老莱子①至孝。奉二亲，极其甘脆。行年七十，言不称老。常著五色斑斓②之衣，为婴儿戏于亲侧。又尝取水上堂，诈跌卧地，作婴儿啼，以娱亲意。

【注释】

①老莱子：春秋时期楚国人。因孝名闻天下。楚王听说他很贤能，想聘他为官。他不就，和他的妻子从蒙山迁往江南而居。著有十五篇有关道家奥妙的文章，后佚失。

②斑斓（bān lán），灿灿多彩。

【白话】

老莱子是春秋时期的楚国人，(对双亲)非常孝顺。(他)奉养双亲时，尽可能让他们吃上甜美可口的饭菜。七十岁时，仍不服老。常穿颜色鲜艳的衣服，像婴儿一样地在双亲身边玩耍(让双亲高兴)。(有一次)他挑水进屋故意跌倒，躺在地上学婴儿哭，让双亲高兴。(孔子说："对于双亲来说，年迈并不算老；而让双亲伤心，才是真正的老。像老莱子，这才可以说是不失孺子之心啊！")

鹿乳奉亲

【原文】

周郯子①，性至孝。父母年老，俱患双眼，思食鹿乳。郯子乃衣鹿皮，去深山，入鹿群之中，取鹿乳供亲。猎者见而欲射之，郯子具以情告，乃免。

【注释】

① 郯（tán）子，是春秋时期郯国的国君。鲁昭公时朝鲁，孔子拜他为师。以孝闻名天下。

【白话】

郯子生性孝顺。（他）父母年事已高，都患了眼病，想喝鹿奶。郯子便身披鹿皮进入深山，随鹿群取奶给双亲吃。猎人见鹿，想射杀。郯子出告实情——取鹿奶给双亲治眼病；（猎人敬仰他的孝心），便放弃了射鹿（并赠给他鹿奶）。

为亲负米

【原文】

周仲由①，字子路，性至孝。家贫，常食藜藿②之食，但奉亲必有酒肉。为亲负米百里之外。亲殁③，南游于楚，从车百乘，积粟万钟④。累茵而坐，列鼎而食。乃叹曰："虽欲食藜藿，为亲负米，不可得也。"

【注释】

① 仲由：字子路，一字季路。春秋时期鲁国人，是孔子的弟子。生性好勇，对双亲孝顺。
② 藜藿（lí huò）：藜，一年生草本植物；藿，豆类作物的叶子。泛指野菜。
③ 殁（mò）：死，也作没。
④ 乘（shèng）：古代称四匹马拉的车，一辆为一乘。钟：古代的计量单位，四半为一钟。

【白话】

仲由，字子路，是春秋时期的鲁国人，孔子的学生，有主管家庭和国家事务的才能，生性孝敬（双亲）。（他）家很贫，经常吃野菜，但往往有酒肉之类的馔肴奉养双亲。常到百里之外为双亲背负他们爱吃的米。双亲去世后，（子路）出游南方的楚国，外出时随从的车有百乘之多，积存的粮食很多。（他）坐在铺得厚厚的垫子上吃饭，而盛饭的器皿就并排在他的面前。他（不由得又回忆起已往的生活之苦），叹了一口气，说："（现在）虽然想吃野菜，为双亲（再）背负（他们爱吃的）米，但已经成为不可能的事了。"作为人子，双亲在世时，就应当竭力奉养他们，以尽做儿子的孝心，不然就会抱憾终生。

啮指心疼

【原文】

周曾参^①，字之舆。事母至孝。参尝采薪山中。家有客至，母无措，望参不还，乃啮^②其指。参忽心痛，负薪以归，跪问其故。母曰："有急客至，吾啮指以悟汝尔。"参以礼待客，食余之物遵母命送人享之。

【注释】

①曾参：字之舆，春秋时期鲁国人，孔子的学生。对双亲非常孝顺。学识渊博，一天就反省三次。讲述《大学》，著《孝经》。把自己的学问传授给子思，于思又传给孟子，于是后世的人们便称他为宗圣。

②啮（niè）：用牙啃或咬。

【白话】

曾参，字之舆，春秋时期鲁国人，孔子的学生。（曾参）对母亲非常孝顺。（有一次，他）上山打柴，家里来了客人，（他）母亲不知道该怎么办，看到曾参还没回家，便咬了自己的手指。曾参忽然感到心里隐隐作疼，便背着柴回家，跪着问他母亲是什么原因。（他）母亲说："有急客来到家里，我咬指以便提醒你。"
曾参以礼待客，又遵照母亲的话将剩余的食物送物客人享用。
（后人评说："孝敬双亲的人应把听从命令放在首位，这不但可以
修身，而且可以培养自己的志向。"）

单衣顺母

【原文】

周闵损①，字子骞。早丧母。父娶后母，生二子，衣以棉
絮。妒损，衣以芦花。父令损御车。体寒，失纼②，父察知其
故，欲出③后母。损跪曰："母在，一子寒；母去，三子单。"
遂止。母感悟，待三子如一。

【注释】

①闵损：字子骞，春秋时期鲁国人，是孔子的弟子。品学兼优，
幼年时有孝心，被列入二十四孝之列。

②纼（zhèn）：拴牲口的绳。

③出：这里指休妻之意。

【白话】

闵损，字子骞，是春秋时期鲁国人，孔子的学生。幼年时死
了母亲。父亲娶了继母。（继母）生了两个孩子，给（他们）穿
用棉花做的衣服。（因她）不喜欢闵损，给他穿用芦花做的衣服。
父亲让闵损出车。（闵损）身体太冷，把绳子掉在地上，父亲问
明情况后，想休了（闵损）继母，闵损跪求（父亲）说："继母
在时，只有一个孩子受冻；继母不在时，三个孩子都得受冻。"
（父亲）不再休其继母了。继母也颇受感动，后对待三个孩子一
视同仁。

亲尝汤药

【原文】

汉文帝^①，名恒，高祖第三子，初封代王。生母薄太后，帝奉养无怠^②。母常病，三年，帝目不交睫^③，衣不解带。汤药，非口亲尝，弗进。仁孝闻天下。

【注释】

① 汉文帝：名恒。高祖刘邦和吕后死后，大臣诛诸吕，迎为帝。在位二十三年，推行黄老的"无为而治"，提倡敦朴。在他统治期间，史称"文景之治"。

② 怠（dài）：懒惰，松懈。

③ 睫（jié）：睫毛。

【白话】

汉文帝，名叫刘恒，是汉高祖刘邦的第三个儿子，最初被封为代王。（他）的生母是薄太后，汉文帝奉养时从不懈怠。（在）生母患病的三年期间，汉文帝（理政后）常伴守在床前，甚至连衣服也不脱。（他）惟恐母亲所服药的药饵失调，（如果）没有亲自尝，（那么）就不让母亲服用。当时的人们都知道汉文帝的仁义和孝心。

为母埋儿

【原文】

汉郭巨^①，家贫。有子三岁，母尝减食与之。巨谓妻曰："贫乏不能供母，子又分母之食。盍^②埋此子。儿可再有，母不可复得。"妻子不敢违。巨遂掘坑三尺余，忽见黄金一釜，上云：

"天赐孝子郭巨，官不得取，民不可夺。"夫妻得金返家孝母。

【注释】

① 郭巨：字文与，西汉隆虑（治所在今河南林县）人，因孝而闻名天下。

② 盍（hé）：何不。

【白话】

汉代的郭巨，家境贫穷。（他）有一个三岁的儿子，每顿饭（他）母亲都要分给孙子一点。郭巨对妻子说；"家里（食物）贫乏，母亲年老尚不足以保身，（我们的）儿子又要分吃母亲的食物。何不把儿子埋了。儿子还可以再生，但失去母亲后，就不可能再有了。"妻子（虽然不愿意，但为了孝敬母亲》也就不敢违背丈夫的意愿。于是，郭巨便去挖坑埋儿，在把坑挖到三尺深时，忽然发现了一坛黄金，金上有字："上天赐（黄金）给郭巨，官府不应该抢夺，他人不许取用。"夫妻得到金子后，回家去孝敬母亲。

扇枕温衾

【原文】

后汉黄香①，年九岁，失母，思慕惟切②。乡人称其孝。躬执勤苦，事父尽孝。夏天署热，扇凉其枕簟③。冬天寒冷，以身暖其被席。太守刘护表而异之。

【注释】

① 黄香，字文强，东汉安陆（今湖北安陆县西北）人。博通经典，善写文章。京城人称他为"天下无双"。汉和帝时官拜尚书令，后改任魏郡太守。

② 惟切（wéi qiè）：急切地思念。

③ 簟（diàn）：竹席。

【白话】

东汉的黄香九岁时，失去了母亲，非常思念（母亲）。乡里人称赞他的孝心。（他）亲自操持家务，勤勉而又辛苦，并极力地侍奉孝敬父亲。夏季天气炎热时，（他）便给父亲扇凉枕席。冬天寒冷的时候，（他）便用自身的身体给父亲暖热被席。太守刘护赞赏并旌表了他。

行佣供母

【原文】

后汉江革①，少失父，独与母居。遭乱，负母逃难。数遇贼。或欲劫将去，革辄②泣告有老母在。贼不忍杀。转客下邳③，贫穷裸跣④，行佣供母。母便身之物，莫不毕给。

【注释】

①江革，字次翁，东汉临淄（治所在今山东淄博市东北临淄北）人。母死，他结庐于坟三年守制。初举孝廉，后拜为谏议大夫。

②辄（zhé）：总是，就。

③邳（pī）：县名，即邳县，在江苏。

④裸跣（xiǎn）：赤着身，光着脚。

【白话】

东汉的江革，少年时父亲去世，只和母亲住在一起。后遇到战乱，（他）背着母亲逃难。（他）几次遇到强人。有的强人想将他劫走，江革就哭着哀求有老母亲年迈无人奉养。强人不忍心杀（他）。（江革）便迁居到江苏邳县。他贫穷得无衣无鞋穿，却给人做佣人以便供奉母亲。（他）母亲所必用的物什，没有不完全供给的，（乡人称他为巨孝）。

卖身葬父

【原文】

汉董永^①，家贫。父死，卖身贷钱而葬。及去偿工，途遇一妇，求为永妻，俱至主家。令织缣^②三百匹，乃回。一月完成，归至槐荫会所。遂辞永而去。

【注释】

① 董永，东汉千乘郡（治所在今山东高青县东南高苑城北）人。少时丧母，随父避兵祸，流寓汝甫（今河南上蔡县西南），后迁居安陆（今湖北安陆县西北）。

② 缣（jiān）：细绢。

【白话】

汉代的董永，家里很贫穷。父亲死后，他因无钱葬埋，便贷钱葬了（父亲），（并立约如果无钱还债，就给债主做三年工抵债。）等葬完父亲上工抵债时，途遇一个少妇，愿和董永结为夫妇，一同去债主家（抵债）。（债主）让她织够三百匹绢后，才可以回家。（他们）一个月就完工了，（夫妇）同返到二人最初相会的槐荫处，（少妇告诉董永说："我是玉皇大帝的女儿，奉命帮助郎君偿还债务。请你不要留恋，说完，便）辞别董永（凌空）而去，（因为这件事，此地就改名为孝感）。

刻木事亲

【原文】

汉丁兰^①，幼丧父母，未得奉养，而思念劬劳^②之恩，刻木为像，事之如生。每日三餐先敬亲而后自食，出必告，返必面，终年不怠，孝闻朝野。其妻久而不敬，以针戏刺其指，血出。木像见兰，眼中垂泪。兰问得其情，遂将妻弃之。

【注释】

①丁兰，东汉河内郡（治所在今河南武陟县西南）人。因为孝敬父母而闻名天下。

②劬（qú）劳：劳累。

【白话】

汉代的丁兰幼时，父母去世。（他）没有能（很好地）奉养父母，而常思念二老的养育之恩，便用木头刻了二老的像，并像（二老）仍活时那样侍奉他们，每日三餐必先敬父母之后，自己和妻子才吃；出门必先告诉木像，回家后必须先见木像，终年从不懈怠，孝闻全国。时间长了，他的妻子也就不（像以往那样）孝敬，便用针开玩笑去刺木像的手指，（不料）却出血了。木像一见到丁兰，眼泪就落了下来。丁兰问明情况后，就把他的妻子休了。

涌泉跃鲤

【原文】

汉姜诗①，事母至孝。妻庞氏，奉姑尤谨。诗母性好饮江水，喜食鲤鱼。妻沂②流而汲，后值③风，不时得还。诗责而遣之。妻寄止邻舍，昼夜纺织，市珍羞④，使邻母以意自遗其姑。久之姑知之，感惭呼还。恩养愈谨。舍侧忽有涌泉，味如江水，日跃双鲤，取以供。

【注释】

①姜诗：东汉广汉郡（今四川广汉县北）人。孝敬母亲。赤眉军

路过他家，给他米和肉，但他却将这些东西埋了。后升为江阳（今四川省泸州市）令，死在任上。

②泝（sù）：是"溯"的异体字，即逆着水流的方向走。

③值（zhí）：遇到。

④珍羞（xiū）：也作馐，美味的食品。

【白话】

东汉的姜诗很孝顺母亲。他的妻子庞氏，也很细心地侍奉婆婆。姜诗的母亲生性喜欢喝江水，爱吃鲤鱼。（姜诗的）妻子逆江去盛水，后因遇到大风，没能按时回家，姜诗指责并休了她。（姜诗的）妻子寄居在邻家，白天和晚上都辛勤地纺织，（用积蓄的钱给姜诗的母亲）买回美味食品，托邻人的母亲以自己的名义送给她的婆婆。时间长了，姜诗的母亲知道了事情的经过，感到惭愧，并让（姜诗）唤回（他）的妻子。（从此）一家更恩爱和睦。（一天），院中忽然出现了一个涌泉，（泉水的）味道和江水一样，并且每天都有两尾鲤鱼跃出，（夫妻）取来给母亲吃。（既可以奉养母亲，又不必出远门，这一切都是因为孝顺而得到上天安排的缘故）。

拾葚供亲

【原文】

汉蔡顺①，少孤，事母至孝。遭王莽乱，岁荒。不给。拾桑葚②，以异器盛之。赤眉贼③见而问之。顺曰："黑者奉母，赤者自食。"贼悯其孝，以白米二斗牛蹄一只与之。

【注释】

①蔡顺，字君仲，东汉汝南（治所在今河南平舆县北）人。后因孝而被推荐为孝廉，他没有做。

② 桑葚（shèn）：桑树的果穗，成熟时黑紫色或白色，味甜，可以吃。

③ 赤眉贼；指东汉末年的农民起义军——赤眉军。由樊崇在山东莒县起义开始，后立刘盆子为帝，年号建世。后被刘秀击败，起义失败。

【白话】

东汉的蔡顺年幼时丧父，很孝敬母亲。适逢王莽之乱，年岁饥荒，米珠薪桂，奉母不足。（蔡顺）只好拾桑葚（充饥），用不同的器皿装桑葚。赤眉军看见，便问（他）是何原因。蔡顺回答说："黑紫色的桑葚给母亲吃，红色的自己吃。"赤眉军赞赏他的孝心，并怜悯他的处境，便赠给他白米二斗，牛腿一只，（带回去奉养母亲，以示敬意）。

怀橘遗亲

【原文】

汉陆绩①，年六岁，于九江见袁术②。术出橘待之。绩怀橘三枚，及归，拜辞堕③地。术曰："陆郎作宾客而怀橘乎？"绩跪答曰："吾母性之所爱，欲归以遗母。"术大奇之。

【注释】

① 陆绩，字公纪，三国时期吴国人。博学多识，星历算数，没有不阅览的。孙权很赏识，便封他为奏曹掾。后虽时有战事，但从未放弃过写作，曾经著有《浑天图》《陆氏易解》。死时年仅三十二岁。

② 袁术（？—199），字公路，东汝南汝阳（今河南商水西南）人。举孝廉，迁为河南尹、虎贲中郎将。后被曹操打败，病死于寿春。是东汉末年割据一方的诸侯。

③ 堕（duò）：坠落。

【白话】

陆绩，字公纪，是三国时期吴国人。六岁时，（他）在九江见到袁术。袁术拿橘子招待他。他把三枚橘子装到了怀里，等到他拜辞（袁术）回家时，橘子掉到了地上。（于是）袁术问道："陆绩，（你）是宾客，怎么还偷橘子呢？陆绩跪着回答说："我母亲特别爱吃橘子，（我）想拿回家给母亲吃。"袁术十分惊讶（和赞赏）他的这一种品德。

哭竹生笋

【原文】

晋孟宗①，少丧父，母老，病笃②。冬日思笋煮羹食。宗无计可得，乃往竹林中，抱竹而泣。孝感天地。须臾，地裂，出笋数茎。持归作羹奉母。食毕，病愈。

【注释】

① 孟宗，字恭武，三国时期吴国江夏（今湖北鄂城县）人。以孝而闻名四方，传为佳话，后官至司空之职。

② 笃（dǔ）：（病势）沉重。

【白话】

孟宗小时丧父，母亲年龄大了，病情严重。冬天，（他）母亲想吃用竹笋做的汤。（严冬竹子岂能生笋），孟宗为了孝敬母亲，又无计可施，只好独自一人到竹林中，扶竹而痛哭。（他）的孝心感动了上天。一会儿，几根竹笋破土而出。（孟宗）拿回家做了笋汤奉养母亲。（他母亲）吃完后，病情痊愈，（他孝闻四方，传为佳语）。

卧冰求鲤

【原文】

晋王祥①，字休征，早丧母，事继母甚笃。母欲生鱼。时天寒地冻，祥解衣卧冰求之。冰忽自解，双鲤跃出。持归供母。食毕，病愈。此乃孝感天神之故。

【注释】

① 王祥，字休征，西晋临沂（今山东费县东）人。后徐州刺史吕虔辟为别驾，政化大行，又迁任太尉，武帝时拜为太保等职，卒谥元。

【白话】

王祥，字休征，西晋人，早年死了母亲，一心一意地奉养继母。继母（体弱多病，）想吃新鲜的鲤鱼。当时天气非常冷，（河水都结了冰，哪里有鱼，）王祥解开衣服躺在冰上，（想融冰）得鱼。然而冰忽然自动融化，两尾鲤鱼跃出水面。（王祥）把鱼拿回家奉养继母。（继母）吃完后，病痊愈了。这真所谓孝心感动了天神的结果。

扼虎救父

【原文】

晋杨香①。年十四岁。随父刈②稻田间。父为虎所噬③。时香手无寸铁，惟知有父而不知有身，踊跃④向前，扼持虎颈。虎亦靡然⑤而逝。父才得免子害。诏旌门闾⑥。

【注释】

① 杨香，晋朝杨丰的女儿。因冒死救父，孝闻天下。

② 刈（yì）：割（草或谷类）。

③ 噬（shì）：咬。

④ 踊跃（yǒng yuè）：跳跃。

⑤ 靡（mǐ）然：倒下的样子。

⑥ 门闾（lú）：邻里，乡里。闾，邻里，乡里。

【白话】

杨香是晋朝人杨丰的女儿。十四岁时，随她父亲去田里割稻。（她）父亲被虎咬了。当时杨香手无寸铁，只想到父亲的（安危）而忘记了自己，猛地跳上前去，用力卡住老虎的咽喉，（宁死不放）。虎难以呼吸而倒地死了。（她）父亲才幸免遇难。（杨香胆识过人，舍身救父之事，）得到乡人们的赞誉。

恣蚊饱血

【原文】

晋吴猛①，年八岁，事亲至孝。家贫，榻无帷帐。每夏夜，蚊多攒肤②。恣渠③膏血之饱，虽多，不驱之，恐去己而噬其亲也。爱亲之心至矣。

【注释】

① 吴猛，晋朝豫章（今江西南昌市）人。相传同邑人丁义给他传授了通神之法，他可以画水而渡。因孝而列二十四孝之中。

② 攒（cuán）：聚在一起。

③ 恣（zì）：放纵，没有拘束。

【白话】

晋朝的吴猛八岁时，孝顺地服侍父亲。（他）家里很穷，床榻上没有蚊帐。每到夏季的夜晚，蚊子多聚在人的身上。（吴猛赤身坐在父榻前）任蚊子叮个够，虽然（蚊子）很多，他也不驱赶蚊子，惟恐蚊子又去叮他的父亲。他那爱父亲的心理达到了极点。

闻雷泣坟

【原文】

晋王裒①，事亲至孝。母存日，性怕雷。既卒，殡葬于山林。每遇风雨，闻阿香②响震之声，即奔至墓所，拜跪泣告曰："裒在此，母勿惧。"及洛阳倾覆，亲族悉移渡江东，裒恋坟垄不去，遂为贼所害。

【注释】

① 王裒（póu），字伟元，晋代营陵（今山东昌乐县东南）人。博学多能。其父被司马昭所杀，遂终身不仕晋，隐居教授。
② 阿香：传说中的雷车女神。

【白话】

晋代的王裒非常孝敬母亲。（他）母亲在世时，生性怕雷。去世以后，埋葬在山林之中。然而每次遇到风雨，一听到雷声，（王裒）就跑到坟地，跪着（向他母亲）哭诉说："我在这里，母亲不要害怕，（以示安慰）。"等洛阳沦陷之后，（王裒）的亲族准备全部迁移到江东时，王裒因留恋他母亲的坟墓而没去，于是被乱兵杀害。

尝粪心忧

【原文】

南齐庾黔娄①，为孱陵②令。到县未旬日，忽心惊汗流，即弃官归。时父疾始二日。医曰："欲知瘥③剧，但尝粪苦则佳。"黔娄尝之甜，心甚忧之。至夕，稽颡④北辰求以身代之。数日卒，庐于冢侧。此非大孝心之人所不能为也！

【注释】

①庾黔娄，字子贞。小时好学，多所讲诵。做南齐的蜀郡太守。入梁朝后，升为散骑常侍。

②孱陵：县名，西汉置，治所在今湖北公安县西。

③瘥（chài）：病愈。

④稽颡（sǎng）：旧丧礼居父母之丧时跪拜宾客之礼，以额触地，表示极度悲痛。这里表示庾黔娄的悲痛心情。

【白话】

庾黔娄做南齐的孱陵县令时，上任不到十天，忽觉心惊汗流，便立刻弃官返里探亲。当时他父亲已重病两日。医生嘱咐："想知病情的吉凶，先尝一下粪便。（粪便）味苦就表明病情好转。"庾黔娄尝粪，有甜味，心里非常担忧。到了晚上，跪拜北斗，祈求上天请用自己的身体代替父亲。没过几天，（他父亲）去世了，庾黔娄在坟旁结庐（守制三年）。这不是大孝的人是无法做到的呀！

乳姑不怠

【原文】

唐崔山南①曾祖母长孙夫人，年高无齿。祖母唐夫人，有孝行，每日栉②洗，升堂乳其姑。姑不粒食，数年而康。一日病笃，长幼咸集，乃宣言曰："无以报新妇恩，愿子孙妇如新妇孝敬足矣。"后山南贵显，孝祖母如长孙夫人所言。贤名流芳。

【注释】

① 崔山南，唐朝人，官至节度使之职，以孝贤名流芳。其祖母庸夫人为二十四孝之一。

② 栉（zhì）：梳（头发）。

【白话】

唐代崔山南的曾祖母长孙夫人，年龄大而没有牙齿。祖母唐夫人有孝心，每天（给婆婆）洗梳，再上堂（给婆婆喂奶）。她婆婆没吃其他东西，几年中均健康无病。一天，（长孙夫人）病重，将全家老幼均召集在一起，对（大家）说："（我）没有什么能够报答媳妇你的恩德，但愿你的儿孙媳妇也像你一样孝敬老人，也就知足了。"崔山南发家以后，的确像长孙夫人所说的那样孝敬祖母，贤名流芳百世。

弃官寻母

【原文】

宋朱寿昌①，年七岁，生母刘氏为嫡母所妒，出嫁。母子不相见者五十年。熙宁②初，寿昌弃官。刺血写金刚经，行四方寻之。与家人诀③，誓不见母不复还。后行次同州，得之。时母年七十余矣。士大夫自王安石、苏轼以下多歌诗美之。

【注释】

① 朱寿昌，字康叔，宋代天长（今安徽天长县）人。以父巽荫守将作监，历知阆州（治所在今四川阆中县），有政绩。因弃官寻母，而孝闻天下，时人颂之。官至司农少卿。

② 熙宁：宋神宗赵顼的年号（1068—1077）。

③ 诀（jué）别：分别（多指不易再见的离别）。

【白话】

宋代的朱寿昌，字康叔，天长人。4岁时，他的生母刘氏因遭嫡母妒忌，而被迫出外嫁人。母子二人已有五十年不曾见面。宋神宗熙宁初年，朱寿昌弃官，（决心寻找母亲）。他刺血写金刚经，准备四处寻母。他和家人分别时，发誓不见母亲永不返回。后行到同州（今陕西大荔县）时，遇见了母亲，（欢聚同归）。当时他母亲已七十多岁了。士大夫自王安石、苏轼以下多以诗歌赞美其孝。

亲涤溺器

【原文】

宋黄庭坚①，元佑②中为太史。性至孝。身虽贵显，奉母尽诚。每夕，亲涤③溺器，未尝一刻不供子职。可知其孝何如也。

【注释】

①黄庭坚，字鲁直，号涪翁，也号山谷道人，宋代分宁（今江西修水）人。北宋诗人，书法家，为苏门"四学士"之一。

②元佑：北宋哲宗赵煦年号（1086—1093）。

③涤（dí）：洗。

【白话】

黄庭坚，北宋元佑年间做了太史。生性孝顺。虽然身份显贵，（他）仍极诚挚地侍奉母亲。每天晚上，必亲自为母亲洗涤便盆，从没有一次不履行（自己）的职责。（身为官宦，婢女很多，每晚仍亲洗便盆，其他事则必亲自去做。）由此可知他的孝心如何了。

◇ 百 家 姓 ◇

【题解】

我国是世界上姓氏起源最早的国家之一。据古籍记载，早在传说中的"三皇"时代，便开始"正姓氏，别婚姻"。关于姓氏的研究和考据，当始于东汉应劭的《风俗通·姓氏篇》。此后，这方面的专门著述，累计不下数十种之多。

《百家姓》缘自"百姓"一词，意即普天下的姓氏。它是封建社会教育儿童识字的一篇通俗性四言韵书，与《三字经》、《千字文》互相配合，成为我国古代蒙学中固定的教材，在民间流行甚广、影响极大。

《百家姓》为宋人（作者佚名）所编，共收集五百零七个姓，其中单姓四百四十六个，复姓六十一个。它集姓氏为四言韵语，将"赵"推为首位，以尊"国姓"。古往今来，流传于世的版本很多，如：明代的《皇明千家姓》、清康熙时的《御制百家姓》。而流行最广者仍为北宋版本。

《百家姓》集中了历来蒙馆教师的智慧。它是一份重要的文化遗产，在我国教育史、文化史上占有一定的位置。但因方言、译音和避讳等原因，许多字与通常的读音已有了区别，所以我们给姓氏注明了读音，并标明郡望，以便剖析其文化内涵。这会对我们当代观念与意识的更新大有裨益。

天水郡	彭城郡	乐安郡	陇西郡	汝南郡	延陵郡	荥阳郡	太原郡
赵	钱	孙	李	周	吴	郑	王
zhào	qián	sūn	lǐ	zhōu	wú	zhèng	wáng
始平郡	颍川郡	河南郡	河东郡	乐安郡	吴兴郡	南阳郡	弘农郡
冯	陈	褚	卫	蒋	沈	韩	杨
féng	chén	chǔ	wèi	jiǎng	shěn	hán	yáng
沛郡	天水郡	吴兴郡	高阳郡	庐江郡	河东郡	吴兴郡	清河郡
朱	秦	尤	许	何	吕	施	张
zhū	qín	yóu	xǔ	hé	lǚ	shī	zhāng
东鲁郡	谯 郡	天水郡	武陵郡	彭城郡	钜鹿郡	济阳郡	天水郡
孔	曹	严	华	金	魏	陶	姜
kǒng	cáo	yán	huà	jīn	wèi	táo	jiāng
东海郡	陈留郡	范阳郡	江夏郡	魏 郡	吴兴郡	扶风郡	河间郡
戚	谢	邹	喻	柏	水	窦	章
qī	xiè	zōu	yù	bǎi	shuǐ	dòu	zhāng
琅琊郡	武功郡	荥阳郡	顿邱郡	北海郡	高平郡	陇西郡	中山郡
云	苏	潘	葛	奚	范	彭	郎
yún	sū	pān	gě	xī	fàn	péng	láng
扶风郡	京兆郡	汝南郡	扶风郡	东阳郡	邰阳郡	东平郡	河南郡
鲁	韦	昌	马	苗	凤	花	方
lǔ	wéi	chāng	mǎ	miáo	fèng	huā	fāng

河间郡	东安郡	汝南郡	河东郡	京兆郡	上党郡	京兆郡	晋阳郡
俞	任	袁	柳	酆	鲍	史	唐
yú	rén	yuán	liǔ	fēng	bào	shǐ	táng
江夏郡	河东郡	南阳郡	河东郡	冯翊郡	广平郡	千乘郡	中山郡
费	廉	岑	薛	雷	贺	倪	汤
fèi	lián	cén	xuē	léi	hè	ní	tāng
南阳郡	汝南郡	豫章郡	河南郡	太原郡	太原郡	武陵郡	平原郡
滕	殷	罗	毕	郝	邬	安	常
téng	yīn	luó	bì	hǎo	wū	ān	cháng
南阳郡	河南郡	陇西郡	清河郡	天水郡	济阳郡	汝南郡	京兆郡
乐	于	时	傅	皮	卞	齐	康
yuè	yú	shí	fù	pí	biàn	qí	kāng
定安郡	下邳郡	河南郡	西河郡	武陵郡	平陵郡	河南郡	江夏郡
伍	余	元	卜	顾	孟	平	黄
wǔ	yú	yuán	bǔ	gù	mèng	píng	huáng
汝南郡	汝南郡	兰陵郡	天水郡	吴兴郡	博陵郡	豫章郡	平阳郡
和	穆	萧	尹	姚	邵	湛	汪
hé	mù	xiāo	yǐn	yáo	shào	zhàn	wāng
太原郡	西河郡	陇西郡	天水郡	京兆郡	清河郡	吴兴郡	东海郡
祁	毛	禹	狄	米	贝	明	臧
qí	máo	yǔ	dí	mǐ	bèi	míng	zāng

京兆郡	太原郡	上谷郡	谯　郡	广平郡	京兆郡	东海郡	始平郡
计	伏	成	戴	谈	宋	茅	庞
jì	fú	chéng	dài	tán	sòng	máo	páng
江陵郡	平阳郡	京兆郡	临淮郡	辽西郡	太原郡	陇西郡	安定郡
熊	纪	舒	屈	项	祝	董	梁
xióng	jì	shū	qū	xiàng	zhù	dǒng	liáng
京兆郡	陈留郡	汝南郡	陇西郡	安定郡	渤海郡	上谷郡	天水郡
杜	阮	蓝	闵	席	季	麻	强
dù	ruǎn	lán	mǐn	xí	jì	má	qiáng
武威郡	内黄郡	谯　郡	汝南郡	济阳郡	雁门郡	鲁　郡	太原郡
贾	路	娄	危	江	童	颜	郭
jiǎ	lù	lóu	wēi	jiāng	tóng	yán	guō
汝南郡	汝南郡	西河郡	弘农郡	颍川郡	东海郡	河南郡	内黄郡
梅	盛	林	刁	钟	徐	邱	骆
méi	shèng	lín	diāo	zhōng	xú	qiū	luò
渤海郡	会稽郡	济阳郡	雁门郡	上党郡	安定郡	河间郡	太原郡
高	夏	蔡	田	樊	胡	凌	霍
gāo	xià	cài	tián	fán	hú	líng	huò
陈留郡	扶风郡	邰阳郡	济阳郡	太原郡	晋阳郡	范阳郡	钜鹿郡
虞	万	支	柯	昝	管	卢	莫
yú	wàn	zhī	kē	zǎn	guǎn	lú	mò

蔡阳郡	清河郡	渤海郡	兰陵郡	颍川郡	平阳郡	汝南郡	京兆郡
经	房	裘	缪	干	解	应	宗
jīng	fáng	qiú	miào	gān	xiè	yīng	zōng
济阳郡	始平郡	宣城郡	南阳郡	黎阳郡	南安郡	余杭郡	敦煌郡
丁	宣	贲	邓	郁	单	杭	洪
dīng	xuān	bēn	dèng	yù	shàn	háng	hóng
上党郡	琅琊郡	济阳郡	武威郡	博陵郡	冯翊郡	吴兴郡	武陵郡
包	诸	左	石	崔	吉	钮	龚
bāo	zhū	zuǒ	shí	cuī	jí	niǔ	gōng
安定郡	谯 郡	河间郡	下邳郡	河东郡	河东郡	上谷郡	盐官郡
程	嵇	邢	滑	裴	陆	荣	翁
chéng	jī	xíng	huá	péi	lù	róng	wēng
河南郡	河南郡	京兆郡	扶风郡	中山郡	汝南郡	京兆郡	渤海郡
旬	羊	於	惠	甄	麴	家	封
xún	yáng	yú	huì	zhēn	qū	jiā	fēng
平原郡	齐 郡	河东郡	西河郡	清河郡	平阳郡	汝南郡	东莞郡
芮	羿	储	靳	汲	邴	糜	松
ruì	yì	chǔ	jìn	jí	bǐng	mí	sōng
扶风郡	京兆郡	齐 郡	平阳郡	颍川郡	中山郡	高平郡	太原郡
井	段	富	巫	乌	焦	巴	弓
jǐng	duàn	fù	wū	wū	jiāo	bā	gōng

弘农郡	余杭郡	河南郡	上谷郡	京兆郡	上谷郡	平昌郡	长乐郡
牧	隗	山	谷	车	侯	宓	蓬
mù	kuí	shān	gǔ	chē	hóu	mì	péng
京兆郡	山阳郡	扶风郡	汝南郡	天水郡	中山郡	陈留郡	太原郡
全	郗	班	仰	秋	仲	伊	宫
quán	xī	bān	yǎng	qiū	zhòng	yī	gōng
齐　郡	平阳郡	西河郡	魏　郡	渤海郡	辽西郡	南阳郡	江陵郡
宁	仇	奕	暴	甘	钭	厉	戎
nìng	qiú	luán	bào	gān	tǒu	lì	róng
范阳郡	太原郡	琅琊郡	彭城郡	晋阳郡	河间郡	南阳郡	武阳郡
祖	武	符	刘	景	詹	束	龙
zǔ	wǔ	fú	liú	jǐng	zhān	shù	lóng
南阳郡	雁门郡	顿丘郡	太原郡	京兆郡	京兆郡	内黄郡	雁门郡
叶	幸	司	韶	郜	黎	蓟	薄
yè	xìng	sī	sháo	gào	lí	jì	bó
冯翊郡	东平郡	南阳郡	河内郡	河东郡	平卢郡	东莞郡	武昌郡
印	宿	白	怀	薄	邰	从	鄂
yìn	sù	bái	huái	pú	tái	cóng	è
武城郡	汝南郡	广平郡	颍川郡	西河郡	中山郡	陈留郡	安定郡
索	咸	籍	赖	卓	蔺	屠	蒙
suǒ	xiǎn	jí	lài	zhuō	lìn	tú	méng

西河郡	梁 郡	始兴郡	太原郡	琅琊郡	太原郡	武陵郡	天水郡
池	乔	阴	郁	胥	能	苍	双
chí	qiáo	yīn	yù	xū	néng	cāng	shuāng
吴兴郡	天水郡	冯翊郡	南阳郡	齐 郡	广平郡	武阳郡	谯 郡
闻	莘	党	翟	谭	贡	劳	逄
wén	xīn	dǎng	zhái	tán	gòng	láo	páng
南阳郡	琊 郡	京兆郡	河东郡	武陵郡	西河郡	新蔡郡	京兆郡
姬	申	扶	堵	冉	宰	郦	雍
jī	shēn	fú	dǔ	rǎn	zǎi	lì	yōng
济阳郡	豫章郡	黎阳郡	天水郡	鲁 郡	陇西郡	京兆郡	西河郡
郤	璩	桑	桂	濮	牛	寿	通
xì	qú	sāng	guì	pú	niú	shòu	tōng
陇西郡	京兆郡	范阳郡	渤海郡	武陵郡	京兆郡	上党郡	雁门郡
边	扈	燕	冀	郏	浦	尚	农
biān	hù	yān	jì	jiá	pǔ	shàng	nóng
平原郡	京兆郡	天水郡	齐 郡	平阳郡	松阳郡	太原郡	太原郡
温	别	庄	晏	柴	瞿	阎	充
wēn	bié	zhuāng	yàn	chái	qú	yán	chōng
敦煌郡	上党郡	河内郡	东阳郡	东阳郡	天水郡	雁门郡	敦煌郡
慕	连	茹	习	宦	艾	鱼	容
mù	lián	rú	xí	huàn	ài	yú	róng

河南郡	新安郡	太原郡	天水郡	临海郡	汝南郡	济阳郡	南阳郡
向	古	易	慎	戈	廖	庚	终
xiàng	gǔ	yì	shèn	gē	liào	yǔ	zhōng
渤海郡	渤海郡	雁门郡	平阳郡	黎阳郡	高阳郡	河东郡	太原郡
暨	居	衡	步	都	耿	满	弘
jì	jū	héng	bù	dū	gěng	mǎn	hóng
晋阳郡	下邳郡	雁门郡	上谷郡	丹阳郡	扶风郡	下邳郡	平原郡
匡	国	文	寇	广	禄	阙	东
kuāng	guó	wén	kòu	guǎng	lù	què	dōng
平阳郡	武功郡	太原郡	河南郡	琅琊郡	晋阳郡	京兆郡	南阳郡
欧	殳	沃	利	蔚	越	夔	隆
ōu	shū	wò	lì	wèi	yuè	kuí	lóng
太原郡	山阳郡	括苍郡	河东郡	京兆郡	平阳郡	谯　郡	南康郡
师	巩	库	聂	晁	勾	敖	融
shī	gǒng	shè	niè	cháo	gōu	áo	róng
京兆郡	渤海郡	陇西郡	天水郡	天水郡	范阳郡	平阳郡	孔邱郡
冷	訾	辛	阚	那	简	饶	空
lěng	zī	xīn	kàn	nā	jiǎn	ráo	kōng
鲁　郡	钜鹿郡	汝南郡	晋昌郡	山阳郡	汝南郡	渤海郡	松阳郡
曾	毋	沙	乜	养	鞠	须	丰
zēng	wú	shā	niè	yǎng	jū	xū	fēng

彭城郡	陇西郡	襄阳郡	西河郡	齐　郡	东海郡	广陵郡	平昌郡
巢	关	蒯	相	查	後	荆	红
cháo	guān	kuǎi	xiàng	zhā	hòu	jīng	hóng
广平郡	东海郡	天水郡	广平郡	汝南郡	冯翊郡	谯　郡	括阳郡
游	竺	权	逯	盖	益	桓	公
yóu	zhū	quán	lù	gě	yì	huán	gōng

兰陵郡		河内郡		天水郡		渤海郡	
万俟		司马		上官		欧阳	
mò qí		sī mǎ		shàng guān		ōu yáng	
谯郡		琅琊郡		河南郡		济南郡	
夏侯		诸葛		闻人		东方	
xià hóu		zhū gě		wén rén		dōng fāng	
渤海郡		京兆郡		太原郡		顿邱郡	
赫连		皇甫		尉迟		公羊	
hè lián		huáng fǔ		yù chí		gōng yáng	
太原郡		鲁郡		彭城郡		博阳郡	
澹台		公冶		宗政		濮阳	
tán tái		gōng yě		zōng zhèng		pú yáng	
河内郡		千乘郡		东平郡		京兆郡	
淳于		单于		太叔		申屠	
chún yú		chán yú		tài shū		shēn tú	

高平郡	高阳郡	邰阳郡	太原郡
公孙	仲孙	轩辕	令狐
gōng sūn	zhòng sūn	xuān yuán	lìng hú
会稽郡	赵郡	济阳郡	敦煌郡
钟离	宇文	长孙	慕容
zhōng lí	yǔ wén	zhǎng sūn	mù róng
渔阳郡	邾郡	赵郡	顿邱郡
鲜于	闾丘	司徒	司空
xiān yú	lú qiū	sī tú	sī kōng
孔子母 官氏	平昌郡	孟子母仉氏巴郡	天水郡
亓官	司寇	仉督	子车
qí guān	sī kòu	zhǎng dū	zǐ jū
升阳郡	鲁郡	鱼父郡	顿邱郡
颛孙	端木	巫马	公西
zhuān sūn	duān mù	wū mǎ	gōng xī
蔡郡	天水郡	秦郡	东国郡
漆雕	乐正	壤驷	公良
qī diāo	yuè zhèng	rǎng sì	gōng liáng
颍川郡	抚城郡	鲁郡	下邳郡
拓拔	夹谷	宰父	谷梁
tuò bá	jiá gǔ	zǎi fǔ	gǔ liáng

平阳郡	江夏郡	太原郡	扶风郡	天水郡	范阳郡	豫章郡	河间郡
晋	楚	阎	法	汝	鄢	涂	钦
jìn	chǔ	yán	fǎ	rǔ	yān	tú	qīn

蔡郡		济南郡		河内郡	
段干		百里		东郭		南门
duàn gān		bǎi lǐ		dōng guō		nán mén

太原郡	京兆郡	薛郡	京兆郡	晋郡
呼延	归	海	羊舌	微生
hū yán	guī	hǎi	yáng shé	wēi shēng

山阳郡	石郡	太原郡	太原郡	后江郡	东海郡	东海郡	南阳郡
岳	帅	缑	亢	况	后	有	琴
yuè	shuài	gōu	kàng	kuàng	hòu	yǒu	qín

冯翊郡		济郡		济阳郡		梁国郡	
梁丘		左丘		东门		西门	
liáng qiū		zuǒ qiū		dōng mén		xī mén	

汝南郡	平阳郡	新郑郡	古滇郡	鲁郡	吴郡	东鲁郡	
商	牟	佘	佴	伯	赏	南宫	
shāng	móu	shé	nài	bó	shǎng	nán gōng	

梁郡	长葛郡	京兆郡	建平郡	怀远郡	西河郡	陇西郡	辽西郡
墨	哈	谯	笪	年	爱	阳	佟
mò	hǎ	qiáo	dá	nián	ài	yáng	tóng

陇西郡	济南郡	百济郡	南阳郡	京兆郡	临淄郡	风门郡
第五	言	福	百	家	姓	续
dì wǔ	yán	fú	bǎi	jiā	xìng	xù